초광역 지역시대

초광역 지역시대

국정과제협의회 정책기획시리즈 **10**

진종헌 원준호
소순창 윤광재
윤태범 김선배
박태균 김수연
정준호 이원호
김영롱 이 진

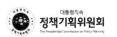

대통령직속
정책기획위원회
The Presidential Commission on Policy Planning

차 례

표 차례

그림 차례

국정과제협의회 정책기획시리즈
발간에 붙여

대통령직속 정책기획위원회
위원장 조대엽

1. 문재인 정부 5년, 정책기획위원회 5년을 돌아보며

문재인 정부가 출범한 지 5년차가 되었습니다. 돌이켜보면 전국의 거리를 밝힌 거대한 촛불의 물결과 전임 대통령의 탄핵, 새 정부출범에 이르는 과정은 '촛불혁명'이라고 할 만했습니다. 2016년 촛불혁명은 법과 제도의 틀에서 전개된 특별한 혁명이었습니다. 1,700만 명의 군중이 모여 촛불의 바다를 이루었지만 법의 선을 넘지 않았습니다. 전임 대통령의 탄핵과 새 대통령의 선출이 법과 정치적 절차의 훼손 없이 제도적으로 진행되었습니다. '제도혁명'이라고도 부를 수 있는 참으로 특별한 정치 과정이 아닐 수 없습니다. 세계적으로 대의 민주주의의 위기와 한계가 뚜렷한 가운데 2017년 문재인 정부의 출범 과정은 현대 민주주의의 범위와 내용을 제도적으로 확장한 정치사적 성과라고도 할 수 있습니다.

현대 민주주의의 괄목할 만한 진화를 이끌고 제도혁명으로 집권한 문재인 정부가 5년차를 맞았습니다. 선거 후 바로 대통령 취임과 함께 국정기획자문위원회가 출발해 100대 국정과제를 선별하면서 문재인 정부의 정치 일정이 시작되었습니다. 집권 5년차를 맞으며 인수위도 없이 출발한 집권 초기의 긴박한 과정을 떠올리면 문재인 정부는 임기 마지막까지 국정의 긴장을 늦출 수 없는 운명을 지녔습니다. 어쩌면 문재인 정부는 '제도혁명정부'라는 특별한 성격을 갖는다는 점에서 거의 모든 정부가 예외 없이 겪었던 임기 후반의 '레임덕'이라는 표현은 정치적 사치일 수 있습니다. 문재인 정부의 남은 시간 동안 지난 5년의 국정 성과에 이어 마지막까지 성과를 만들어냄으로써 국정의 긴장과 동력을 잃지 않는 일이 무엇보다 중요한 시점입니다. 그것이 문재인 정부의 역사적 소명이기도 합니다.

정책기획위원회는 지난 5년간 대통령 직속기구로서 폭넓은 국정자문 활동을 했습니다. 정책기획위원회의 주된 일은 국정과제 전반을 점검하고 대통령에게 필요한 내용들을 보고하는 일입니다. 지난 5년 정책기획위원회의 역할을 구분하면 정책 콘텐츠 관리와 정책 네트워크 관리, 정책소통 관리라는 세 가지로 요약할 수 있습니다.

먼저, 정책 콘텐츠 관리는 국가 중장기 발전전략 및 정책 방향 수립과 함께 100대 국정과제의 추진과 조정, 국정과제 관련 보고회의 지원, 국정분야별 정책 및 현안과제 연구, 대통령이 요구하는 국가 주요 정책 연구 등을 포괄합니다. 둘째로 정책 네트워크 관리는 청와대, 총리실, 정부부처, 정부출연 연구기관, 정당 등과의 협업 및 교류가 중요하며, 학계, 전문가 집단, 시민단체 등과의 네트워크 확장을 포함합니다. 특히 정책기획위원회는 대통령 소속 위원회를 통괄하는 기능을 갖기도 합니다.

대통령 소속의 9개 주요 위원회로 구성된 '국정과제협의회'의 의장

위원회로서 대통령 위원회의 소통과 협업의 구심 역할을 했습니다. 셋째로 정책소통 관리는 정부부처 간의 소통과 협력을 매개하는 역할이나 정책 쟁점이나 정책 성과에 대해 국민들이 공감할 수 있도록 정책 담론을 생산하고 확산하는 일을 포괄합니다. 연구용역이나 주요 정책 TF 운용의 결과를 다양한 형태의 간담회, 학술회의, 토론회, 언론 기고, 자체 온라인 방송 채널을 통해 공유하기도 했습니다.

정책기획위원회의 1기는 정부 출범 시 '국정기획자문위원회'가 만든 100대 국정과제의 관리와 '미래비전 2045'를 만드는 데 중점이 두어졌습니다. 말하자면 정책 콘텐츠 관리에 중점을 둔 셈입니다. 정책기획위원회의 2기는 위기적 정책 환경에 대응하는 정책 콘텐츠 생산과 집권 후반부의 성과관리라는 측면에서 과제가 큰 폭으로 늘었습니다. 주지하듯 문재인 정부의 후반부는 세계사적이고 문명사적인 아주 특별한 시대적 위기를 맞고 있습니다. 코로나19 팬데믹이라는 문명사적 위기는 정책기획위원회 2기의 정책 환경을 완전히 바꾸었습니다. 정책기획위원회는 코로나19 발생 이후 포스트 코로나시대에 새롭게 부가되는 국정과제를 100대 과제와 조정 보완하는 작업, 감염병 대응과 보건의료체제 혁신을 위한 종합 대책의 마련, 코로나19 이후 거대 전환의 사회변동에 대한 전망, 한국판 뉴딜의 보완과 국정자문단의 운영 등을 새로운 과제로 진행했습니다.

정책기획위원회의 2기는 코로나19 팬데믹으로 인한 방역위기와 경제위기를 뚫고 나아가는 국가 혁신전략들을 지원하는 일과 함께, 무엇보다도 문재인 정부의 국정성과를 정리하고 〈국정백서〉를 집필하는 일이 남아 있습니다. 우리 위원회는 성과관리를 단순히 정부의 치적을 정리하는 수준이 아니라 국정성과를 국민의 성과로 간주하고 국민과 공유해야 한다는 차원에서 정책 소통의 한 축으로 간주하고 있습니다.

　우리 위원회는 문재인 정부가 촛불혁명의 정부로서 그리고 제도혁명의 정부로서 지향했던 비전의 진화 경로를 종합적 조감도로 그렸고 이 비전 진화의 경로를 따라 축적된 지난 5년의 성과를 포괄적으로 정리하기도 했습니다. 다양한 정책성과 관련 담론들을 세부적으로 만드는 과정이 이어지는 가운데, 우리 위원회는 그간의 위원회 활동 결과로 생산된 다양한 정책담론들을 단행본으로 만들어 대중적으로 공유하면 좋겠다는 데에 뜻을 모았습니다. 이러한 취지는 정책기획위원회뿐 아니라 국정과제협의회 소속의 다른 대통령 위원회도 공유함으로써 단행본 발간에 동참하게 되었습니다. '국정과제협의회 정책기획시리즈'가 탄생했고 각 단행본의 주제와 필진 선정, 그리고 출판은 각 위원회가 주관해서 진행하는 것으로 했습니다.

　정책기획위원회가 출간하는 이번 단행본들은 정부의 중점 정책이나 대표 정책을 다루는 것이 아닙니다. 또 단행본의 주제들은 특별한 기준에 따라 선별된 것도 아닙니다. 이번에 출간하는 단행본 시리즈의 내용들은 정부 정책이나 법안에 반영된 것도 있고 그렇지 않은 것도 포함되어 있습니다. 따라서 이 책의 내용들은 정부나 정책기획위원회의 공식 입장이라고 할 수 없습니다. 정책기획위원회에서 지난 5년간 다양한 방식으로 논의된 정책담론들 가운데 비교적 단행본으로 엮어내기에 수월한 것들을 모아 필진들이 수정하는 수고를 더한 것입니다. 문재인 정부의 정책기획위원회에 모인 백여 명의 정책기획위원들이 다양한 분야에서 국가의 미래를 고민했던 흔적을 담아보자는 취지라 할 수 있습니다.

2. 문재인 정부 5년의 국정비전과 국정성과에 대하여

문재인 정부는 촛불시민의 염원을 담아 '나라다운 나라, 새로운 대한민국'을 약속하며 출발했습니다. 지난 5년은 우리 정부가 국민과 약속한 나라를 만들기 위해 진지하고도 일관된 노력을 기울인 시간이었습니다. 지난 5년, 국민의 눈높이에 미흡하고 부족한 부분이 있었습니다. 그러나 예상하지 못한 거대한 위기가 거듭되는 가운데서도 정부는 국민과 함께 다양한 국정성과를 만들었습니다.

어떤 정부든 공과 과가 있기 마련입니다. 한 정부의 공은 공대로 평가되어야 하고 과는 과대로 평가되어야 합니다. 아무리 미흡한 부분이 있더라도 한 정부의 국정성과는 국민이 함께 만든 것이기 때문에 국민적으로 공유되어야 하고, 국민적 자부심으로 축적되어야 합니다. 국정의 성과가 국민적 자부심과 자신감으로 축적되어야 새로운 미래가 있습니다.

정부가 국정 성과에 대해 오만하거나 공치사를 하는 것은 경계해야 할 일이지만 적어도 우리가 한 일에 대한 자신감과 자부심 없이는 대한민국의 미래 또한 밝을 수 없습니다. 정책기획위원회는 이 같은 취지로 2021년 4월, 『문재인 정부 국정비전의 진화와 국정성과』라는 제목의 보고서를 만들었고, 이 보고서를 바탕으로 5월에는 문재인 정부 4주년을 기념하는 컨퍼런스도 개최했습니다.

문재인 정부는 2017년 출범 후 '국민의 나라, 정의로운 대한민국'을 국가비전으로 제시하고 5대 국정목표, 20대 국정전략, 100대 국정과제를 제시했습니다. '국민의 나라, 정의로운 대한민국'이라는 국정의 총괄 비전은 "대한민국의 모든 권력은 국민으로부터 나온다"라고 하는 헌법 제1조의 정신입니다. 여기에 '공정'과 '정의'에 대한 문재인 대통령의 통치 철학을 담았습니다. 정의로운 질서는 사회적 기회의 윤리인 '공정', 사회적 결과의 윤리인 '책임', 사회적 통합의 윤리인 '협력'이라는 실천윤리가 어울려 완성됩니다. 문재인 정부 5년은 공정국가, 책임국가, 협력국가를 향한 일관된 여정이었습니다. 그리고 문재인 정부의 국정성과는 공정국가, 책임국가, 협력국가를 향한 일관된 정책의 효과였습니다.

돌이켜보면 문재인 정부 5년은 중첩된 위기의 시간이었습니다. 집권 초기 북핵위기에 이은 한일통상위기, 그리고 코로나19 팬데믹 위기라는 예측하지 못한 3대 위기에 문재인 정부는 놀라운 위기 대응 능력을 보였습니다. 2017년 북핵위기는 평창올림픽과 다자외교, 국방력 강화를 통한 한반도 평화 프로세스로 위기 극복의 성과를 만들었습니다. 2019년의 한일통상위기는 우리 정부와 기업이 소부장산업 글로벌 공급망을 재편하고 소부장산업 특별법 제정 등 모든 수단을 동원해 제조업의 경쟁력을 강화함으로써 위기를 극복했습니다. 일본과의 무역마찰을 극복하는 이 과정에서 '아무도 흔들 수 없는 나라'를 만들겠다는 대통령의 약속이 있었고 마침내 우리는 일본과 경쟁할 만하다는 국민적 자신감을 갖게 되었습니다.

이제는 핵심 산업에서 한국 경제가 일본을 추월하게 되었지만 우리 국민이 갖게 된 일본에 대한 자신감이야말로 무엇보다 큰 국민적 성과가 아닐 수 없습니다.

2020년 이후의 코로나19 위기는 지구적 생명권의 위기이자 인류 삶의 근본을 뒤흔드는 문명사적 위기라 할 수 있습니다. 우리는 개방, 투명, 민주방역, 과학적이고 창의적 방역으로 전면적 봉쇄 없이 팬데믹을 억제한 유일한 나라가 되었습니다. K-방역의 성공은 K-경제의 성과로도 확인됩니다. K-경제의 주요 지표들은 우리 경제가 코로나19 이전으로 회복되었을 뿐 아니라 성공적 방역으로 우리 경제가 새롭게 도약하고 있다는 사실을 보여주고 있습니다.

문재인 정부 5년 간 겪었던 3대 거대 위기는 인류의 문명사에 대한 재러드 다이아몬드식 설명에 비유하면 '총·균·쇠'의 위기라 할 수 있습니다. 인류문명을 관통하는 총·균·쇠의 역사는 제국주의로 극대화된 정복과 침략의 문명사였습니다. 그러나 문재인 정부가 지난 5년 총·균·쇠에 대응한 방식은 평화와 협력, 상생의 패러다임으로 인류의 신문명을 선도하는 것이었습니다. 세계가 이 같은 총·균·쇠의 새로운 패러다임에 주목하고 있습니다. 문재인 정부가 총·균·쇠의 역사를 다시 쓰고 인류문명을 새롭게 이끌고 있다고 감히 말할 수 있습니다.

문재인 정부는 지난 5년, 3대 위기를 극복함으로써 '위기에 강한 정부'의 성과를 얻었습니다. 또 한국판 뉴딜과 탄소중립 선언, 4차 산업혁명과 혁신성장, 문화강국과 자치분권의 확장을 주도해 '미래를 여는 정부'의 성과를 만들었습니다. 돌봄과 무상교육, 건강공공성, 노동복지 등에서 '복지를 확장한 정부'의 성과도 주목할 만합니다. 국정원과 검찰·경찰 개혁, 공수처 출범 및 시장권력의 개혁과 같은 '권력을 개혁한 정부'의 성과에도 주목해야 합니다. 나아가 문재인 정부는 한반도 평화유지와 국방력 강화를 통해 '평화시대를 연 정부'의 성과도 거두고 있습니다.

위기대응, 미래대응, 복지확장, 권력개혁, 한반도 평화유지의 성과를 통해 강한 국가, 든든한 나라로 거듭나는 정부라는 점에 주목하면 우리는 '문재인 정부 국정성과로 보는 5대 강국론'을 강조할 수 있습니다. 이 같은 '5대 강국론'을 포함해 주요 입법성과를 중심으로 '대한민국을 바꾼 문재인 정부 100대 입법성과'를 담론화하고, 또 문재인 정부 들어 눈에 띄게 달라진 주요 국제지표를 중심으로 '세계가 주목하는 문재인 정부 20대 국제지표'도 담론화하고 있습니다.

2021년 4월 26일 국정성과를 보고하는 비공개 회의에서 문재인 대통령은 "모든 위기 극복의 성과에 국민과 기업의 참여와 협력이 있었다"는 말씀을 몇 차례 반복했습니다. 지난 5년, 국정의 성과는 오로지 국민이 만든 국민의 성과입니다. 그래서 문재인 정부 5년의 성과는 오롯이 우리 국민의 자부심의 역사이자 자신감의 역사입니다. 문재인 정부 5년의 성과는 국민과 함께 한 일관되고 연속적인 국정비전의 진화를 통해 축적되었습니다. '국민의 나라, 정의로운 대한민국'이라는 국가비전이 구체화되고 세분화되어 진화하는 과정에서 '소득주도성장·혁신성장·공정경제'의 비전이 제시되었고, 이러한 경제운용 방향은 '혁신적 포용국가'라는 국정비전으로 포괄되었습니다.

3대 위기과정을 극복하는 과정에서 문재인 정부는 '아무도 흔들 수 없는 나라', '위기에 강한 나라'라는 비전을 진화시켰고, 코로나19 팬데믹 위기에서 '포용적 회복과 도약'의 비전이 모든 국정 방향을 포괄하는 비전으로 강조되었습니다. 코로나19 팬데믹으로 인한 방역위기와 경제위기를 극복하는 과정에서 대한민국은 새로운 세계표준이 되었습니다. 또 최근 탄소중립시대와 디지털 경제로의 대전환을 준비하는 한국판 뉴딜의 국가혁신 전략은 '세계선도 국가'의 비전으로 포괄되었습니다.

이 모든 국정비전의 진화와 성과에는 국민과 기업의 기대와 참여가 있었습니다. 그러나 우리는 문재인 정부의 임기가 그리 많이 남지 않은 시점에서 국민의 기대와 애초의 약속에 미치지 못한 많은 부분들은 남겨놓고 있습니다. 혁신적이고 종합적인 새로운 그림이 필요한 부분도 있고 강력한 실천과 합의가 필요한 부분도 있습니다. 무엇보다도 민주주의에 대한 새로운 기획이 필요합니다. 문재인 정부는 촛불혁명이라는 제도혁명을 통해 민주주의를 진화시킨 정치사적 성과를 얻었으나 정작 민주주의에 대한 새로운 전망을 제시하는 데는 미치지 못했습니다. 문재인 정부는 헌법 제1조의 민주주의를 실현하고자 했으나 문재인 정부 이후의 민주주의는 국민의 행복추구와 관련된 헌법 제10조의 민주주의로 진화해야 할지 모릅니다. 민주정부 4기로 이어지는 새로운 민주주의의 디자인이 필요합니다.

둘째는 공정과 평등을 구성하는 새로운 정책비전의 제시와 합의가 요구됩니다. 오늘날 대부분의 국가는 정의로운 공동체를 추구합니다. 정의로운 질서는 불평등과 불공정, 부패를 넘어 실현됩니다. 이 같은 질서에는 공정과 책임, 협력의 실천윤리가 요구되지만 우리 시대에 들어 이러한 실천윤리에 접근하는 방식은 세대와 집단별로 큰 차이를 보입니다.

신자유주의 시대에 성장한 청년세대는 능력주의와 시장경쟁력을 공정의 근본으로 인식하는 반면 기성세대는 달리 인식합니다. 공정과 평등에 대한 '공화적 합의'가 필요합니다. 소득과 자산의 분배, 성장과 복지의 운용, 일자리와 노동을 둘러싼 공정과 평등의 가치에 합의함으로써 '공화적 협력'에 관한 새로운 그림이 제시되어야 합니다.

셋째는 지역을 살리는 그랜드 비전이 새롭게 제시되어야 합니다. 공공기관 이전을 통한 중앙정부 주도의 혁신도시 정책을 넘어 지역 주도의 메가시티 디자인과 한국판 뉴딜의 지역균형 뉴딜, 혁신도시 시즌

2 정책이 보다 큰 그림으로 결합되어 지역을 살리는 새로운 그랜드 비전으로 제시될 필요가 있습니다.

넷째는 고등교육 혁신정책과 새로운 산업 전환에 요구되는 인력양성 프로그램이 결합된 교육혁신의 그랜드 플랜이 만들어져야 합니다.

다섯째는 커뮤니티 케어에 관한 혁신적이고 복합적인 정책 디자인이 준비되어야 합니다. 지역 기반의 교육시스템과 지역거점 공공병원, 여기에 결합된 지역 돌봄 시스템이 복합적이고 혁신적으로 기획되어야 합니다.

이 같은 과제들은 더 큰 합의와 더 많은 시간이 필요합니다. 그러나 이러한 쟁점들이 다음 정부의 과제나 미래과제로 막연히 미루어져서는 안 됩니다. 문재인 정부의 국정성과들이 국민의 기대와 참여로 가능했듯이 이러한 과제들은 기존의 국정성과에 이어 문재인 정부의 마지막까지 국민과 함께 제안하고 추진함으로써 정책동력을 놓치지 않는 것이 중요합니다.

코로나19 변이종이 기승을 부리면서 여전히 코로나19 팬데믹의 엄중한 위기가 진행되는 가운데 국민의 생명과 삶을 지켜야 하는 절체절명한 시간이 흐르고 있습니다. 문명 전환기의 미래를 빈틈없이 준비해야하는 절대시간이기도 합니다. 여기에 대응하는 문재인 정부의 남은 시간이 그리 길지 않습니다. 그러나 인수위도 없이 서둘러 출발한 정부라는 점과 코로나 상황의 엄중함을 생각하면 문재인 정부에게 남은 책임의 시간은 길고 짧음을 잴 여유가 없습니다.

이 절대시간 동안 코로나19보다 위태롭고 무서운 것은 가짜뉴스나 프레임 정치가 만드는 국론의 분열입니다. 세계가 주목하는 정부의 성과를 애써 외면하고 근거 없는 프레임을 공공연히 덧씌우는 일은 우리 공동체를 국민의 실패, 대한민국의 무능이라는 벼랑으로 몰아가는 것과 다르지 않습니다. 국민이 선택한 정부는 진보정부든 보수정부든 성공해야 합니다. 책임 있는 정부가 작동되는 데는 책임 있는 '정치'가 동반되어야 합니다.

정책기획위원회를 포함한 국정과제위원회들은 문재인 정부의 남은 기간 동안 국정성과를 국민과 공유하는 적극적 정책소통관리에 더 많은 의미를 두어야 합니다. 문재인 정부의 성과를 정확하게, 사실에 근거해서 평가하고 공유하는 데 더 많은 시간을 써야 합니다. 다른 무엇보다도 객관적이고 종합적인 국정성과에 기반을 둔 세 가지 국민소통전략이 강조됩니다.

첫째는 정책 환경과 정책 대상의 상태를 살피고 문제를 찾아내는 '진단적 소통'입니다. 둘째는 국정성과에 대한 이해를 통해 민심과 정부 정책의 간극이나 긴장을 줄이고 조율하는 '설득적 소통'이 중요합니다. 셋째는 국민들이 삶의 현장에서 정책의 성과를 체감할 수 있게 하는 '체감적 소통'을 강조할 수 있습니다. 위기대응정부론, 미래대응정부론, 복지확장정부론, 권력개혁정부론, 평화유지정부론의 '5대 강국론'을 비롯한 다양한 국정성과 담론들이 이 같은 국민소통전략으로 공유될 수 있기를 바랍니다.

정책기획위원회의 눈으로 지난 5년을 돌이켜보면 문재인 정부의 시간은 '일하는 정부'의 시간, '일하는 대통령'의 시간이었습니다. 촛불혁명으로 집권한 제도혁명정부로서는 누적된 적폐의 청산과 산적한 과제의 해결이 국민의 명령이었기 때문에 옆도 뒤도 보지 않고 오로지 이 명령을 충실히 따라야 했습니다. 그 결과가 '일하는 정부', '일하는 대통령'의 시간으로 남게 된 셈입니다.

정부 광화문청사에 있는 정책기획위원회 위원장실에는 한 쌍의 액자가 걸려 있습니다. 위원장 취임과 함께 우리 서예계의 대가 시중(時中) 변영문(邊英文) 선생님께 부탁해 받은 것으로 "先天下之憂而憂, 後天下之樂而樂"(선천하지우이우, 후천하지락이락)이라는 글씨입니다. 북송의 명문장가였던 범중엄(范仲淹)이 쓴 '악양루기'(岳陽樓記)의 마지막 구절입니다. "천하의 근심은 백성들이 걱정하기 전에 먼저 걱정하고, 천하의 즐거움은 모든 백성들이 다 즐긴 후에 맨 마지막에 즐긴다"는 의미로 풀어볼 수 있습니다. 국민들보다 먼저 걱정하고 국민들보다 나중에 즐긴다는 말로 해석됩니다. 일하는 정부, 일하는 대통령의 시간과 닿아 있는 글귀입니다.

문재인 정부의 남은 시간이 길지 않지만, 일하는 정부의 시간으로 보면 짧지만도 않습니다. 결코 짧지 않은 문재인 정부의 시간을 마지막까지 일하는 시간으로 채우는 것이 제도혁명정부의 운명입니다. 촛불시민의 한 마음, 문재인 정부 출범 시의 절실했던 기억, 국민의 위대한 힘을 떠올리며 우리 모두 초심으로 돌아가야 합니다.

앞선 두 번의 정부가 국민적 상처를 남겼습니다. 진보와 보수를 떠나 국민이 선택한 정부가 세 번째 회한을 남기는 어리석은 역사를 거듭해서는 안 됩니다. 문재인 정부의 성공이 우리 당대, 우리 국민 모두의 시대적 과제입니다.

3. 한없는 고마움을 전하며

아무리 작은 일이라도 일이 마무리되고 결과를 얻는 데는 드러나지 않는 많은 분들의 기여와 관심이 있기 마련입니다. 정책기획위원회는 앞에서 밝힌 바와 같이 정책 콘텐츠 관리와 정책 네트워크 관리, 정책 소통 관리에 포괄되는 광범한 활동을 수행하고 있습니다. 사실 이 책과 같은 단행본 출간사업은 정책기획위원회의 관례적 활동과는 별개로 진행되는 여벌의 사업이라 할 수 있습니다. 이러한 부가적 사업이 가능한 것은 6개 분과 약 백여 명의 정책기획위원들이 위원회의 정규 사업들을 충실히 해낸 효과라 할 수 있습니다. 무엇보다도 정책기획위원회라는 큰 배를 위원장과 함께 운항해주신 두 분의 단장과 여섯 분의 분과위원장께 감사의 말씀을 드려야 합니다. 미래정책연구단장을 맡아 위원회에 따뜻한 애정을 쏟아주셨던 박태균 교수와 2021년 하반기부터 박태균 교수의 뒤를 이어 중책을 맡아주신 추장민 박사, 그리고 국정과제지원단장을 맡아 헌신적으로 일해주신 윤태범 교수께 각별한 마음을 전합니다. 김선혁 교수, 양종곤 교수, 문진영 교수, 곽채기 교수, 김경희 교수, 구갑우 교수, 그리고 지금은 자치분권위원회로 자리를 옮긴 소순창 교수께서는 6개 분과를 늘 든든하게 이끌어 주셨습니다. 한없는 고마움을 전합니다.

단행본 사업에 흔쾌히 함께 해주신 정책기획위원뿐 아니라 비록 단행본 집필에는 참여하지 않았지만 지난 5년 정책기획위원회에서 문재인 정부의 다양한 정책담론을 다루어주신 1기와 2기 정책기획위원 모든 분께 이 자리를 빌려 그간 가슴 한 곳에 묻어두었던 고마운 마음을 전합니다.

위원들의 활동을 결실로 만들고 그 결실을 빛나게 만든 것은 정부 부처의 파견 공무원과 공공기관의 파견 위원, 그리고 전문위원으로 구성된 위원회 직원들의 공이었습니다. 국정담론을 주제로 한 단행본들이 결실을 본 것 또한 직원들의 헌신 덕분입니다. 행정적 지원을 진두지휘한 김주이 기획운영국장, 김성현 국정과제국장, 백운광 국정연구국장, 박철응 전략홍보실장께 각별한 감사를 드리며, 본래의 소속으로 복귀한 직원들을 포함해 정책기획위원회에서 함께 일한 직원들 한 분 한 분께도 감사의 마음을 전합니다.

한국판 뉴딜을 정책소통의 차원에서 국민적으로 공유하기 위해 정책기획위원회는 '한국판 뉴딜 국정자문단'을 만들었고, 지역자문단도 순차적으로 구성한 바 있습니다. 한국판 뉴딜 국정자문단의 자문위원으로 함께 해주신 모든 분들께도 이 자리를 빌려 감사드립니다.

서 론

진종헌 공주대학교 지리학과 교수

박태균 서울대학교 국제대학원 교수

초광역발전전략이 시대의 화두가 되었다. 향후 균형발전정책의 방향에 대해 수많은 제안과 주장들이 제출되고 있는데, 그 와중에 다수의 동의가 이루어지고 있는 것이 초광역협력을 중시하는 것이다. 초광역권을 중심으로 지방에 새로운 발전과 성장의 거점을 형성하고 새로운 산업, 인구, 도시의 생태계를 형성하는 것이 필요하다는 의미이다.

이는 참여정부부터 지금까지의 균형발전정책과 어떠한 차별성을 갖고 있는가? 지금까지의 균형발전정책 또한 지역 주도의 성격을 강조해온 것이 사실이지만 큰 틀에서 보면 수도권이 갖고 있는 혁신자원, 기술, 인구를 지방으로 분산시키는데 큰 초점이 있었음을 부인할 수 없다. 그러한 하향식, 혁신자원지역배분형 균형발전정책의 대표적인 결과물이 행복도시 건설, 공공기관 이전과 혁신도시정책인 것이다. 이러한 정책들은 참여정부 이래 상당한 결실을 맺었으며 이는 통계적으로 확인되고 있다. 즉 2015~16년 전후까지 수도권으로의 인구 집중 현상은 상당히 둔화되었다. 그러나 위 정책들의 성과가 한계를 드러내고, 새로운 환경에서 필요한 새로운 균형발전정책의 방향이 수립되지 않으면서 2010년대 후반부터 수도권 집중 현상이 다시 가속화되기 시작했다.

몇년새 심화되고 있는 수도권 집중 현상은 과거와는 또 다른 차원에서의 심각성을 가지고 있다. 현재의 수도권 집중은 '지방소멸'의 가능성과 연결된 것이기에, 인구의 절반에 대해 생존의 두려움을 안겨주는 과제이다. 이에 대한 인식의 차이는 극명하다. 근본적으로 상황을 바꿀 수 있는 특단의 균형발전정책이 없다면 지방의 쇠퇴를 넘어 소멸로 향하는 지역이 속출할 것이라는 우려가 지방의 곳곳에서 들리고 있는 것이 현실이다. 이러한 균형발전의 시급성은 수도권에서 멀어질수록 더욱 절실하다. 수도권에서 멀어질수록 기업의 유치가 힘들고, 대학의 생존이 위기에 처하는 현실에서 이는 당연한 것이다. 2020년 7월에 제안된 행정수도 완성론이 많은 지방에서 적극적인 호응을 받지 못한 이유와도 연결된다. 행정수도의 완성이 국토의 타 지역의 진정한 발전전략을 수반하여 추진되지 않는다면 이는 국가균형발전전략으로서의 의미는 약화될 것이라는 뜻이다.

이 같은 상황에서, 균형발전에 대한 새로운 접근으로서의 초광역발전전략은 국가적 위기 극복과 중장기 국가발전전략의 의미를 갖는다. 수도권 일극 구조에서 최소한 2~3개의 성장축으로 국토 공간을 재편해야만 국민 다수가 적정한 수준의 공공서비스와 삶의 질을 누릴 수 있다는 사실에 누구나 공감하고 있으며, 현 시점에서 이를 실현할 수 있는 현실적·전략적 방향은 초광역적 성장거점을 지역에 형성하는 것이다. 현재 행정체계에 기초한 17개 광역시도 단위(지방 14개)의 지역정책이 계속 유지된다면 지방에 새로운 혁신과 성장의 거점을 창출하는 것은 요원할 것이다. 수도권에는 못 미치더라도 특성화를 통해 최소한의 의미 있는 2차적 성장극을 형성하고 이 새로운 공간권역이 국제경쟁력을 가지고 발전하려면, 광역시도를 재편, 통합하는 초광역협력과 초광역전략은 반드시 필요하다. 이 책은 이러한 과제를 풀기 위한 첫걸음으로 기획되었다.

이 책의 전체적인 내용을 간략히 소개하면 다음과 같다. 먼저 첫 번째 장인 '초광역전략의 필요성'에서는 과거 균형발전전략의 성과와 한계를 정리하고, 문재인 정부 후반부에 새롭게 제기하는 초광역발전전략의 큰 흐름이 '분권형 균형발전'임을 주장한다. 즉 '초광역'에 대한 강조는 새로운 흐름이지만, 문재인 정부 균형발전전략의 키워드인 '분권형 균형발전'전략이 완성태로서 초광역전략을 제안한다. 따라서 초광역전략은 돌출적으로 제기된 것이 아니라 분권형 균형발전을 추구하는 방법론의 부분 수정이라고 볼 수 있다.

두 번째 장(해외 사례에 대한 검토)은 해외 사례를 검토하고 있다. 영국, 프랑스, 일본, 독일의 4개국 사례를 간략히 정리하고 있는데 특히 영국과 프랑스의 사례 검토가 상대적으로 더 중요하다고 볼 수 있다. 영국의 사례에서 1960년대 이후 오랜 시간에 걸쳐 광역화와 분권화의 두 가지 흐름이 상호 연관성을 가지면서 강화되어온 과정을 잘 보여주고 있다. 가장 최근의 모델인 도시권협상(City Deals)과 CA(Combined Authority) 모델은 노동당정부의 광역화와 보수당정부의 분권화를 경쟁력 강화 관점에서 조정한 결과물이다. 프랑스의 사례는 레지옹 기반의, 중앙정부 주도의 광역화 시도를 소개한다. 국가균형발전위원회의 지역발전투자협약 등을 통해 프랑스의 계획계약제도를 오래전부터 연구, 도입해왔기 때문에 제도적으로 익숙한 측면이 있으며, 이 책의 중장기 발전전략에서도 중요한 참고가 되고 있다.

세 번째 장(지역의 초광역화 현황)은 행정통합의 역사와 현재의 메가시티전략에 대해 간략히 정리하고 있다. 초광역협력을 강화하고 초광역 공간스케일에서 성장거점을 새롭게 형성하기 위한 전략이라는 점에서 현재의 행정통합 시도와 메가시티전략은 일치하는 부분이 있지만, 구체적인 역사적 맥락이라는 측면에서 행정통합은 메가시티와 많은 차이가 있다. 논의가 처음 전개되던 시기 대구경북, 광주전남과 같은 행정통합 유형은 표면적으로 부울경 등의 메가시티 유형과 상당한 차이를 보였지만 현재는 행정통합이 중장기 과제로 미뤄지는 가운데 메가시티전략을 어떻게 차별성 있게, 균형발전에 실질적 도움이 되는 방향으로 추진할 것인가로 초점이 모아지고 있다.

마지막으로 본론이자 결론에 해당하는 '분권형 균형발전을 위한 초광역전략'에서는 '공간-산업-행정체계'의 삼각축을 통해 초광역발전전략의 개요를 설명한다. 이후 공간, 산업, 행정체계의 각각에 대한 구체적인 중장기 방향을 제안한다. 전체적인 전략이 중장기적 방향에 초점을 두고 있으며 마지막 절인 제도 개선에 대한 부분은 당장의 법제도 개선을 통해 초광역협력과 발전전략의 기초를 어떻게 세울 것인가를 제안하고 있다.

제1부

초광역 전략의 필요성

제1장

과거 균형발전정책의 성과와 한계

이원호 성신여자대학교 지리학과 교수

이진 건양대학교 교수

윤태범 한국방송통신대 행정학과 교수

I. 참여정부의 성과와 한계

1. 참여정부의 국가균형발전정책의 추진

참여정부가 시작하면서 3대 국정 목표로 '국민과 함께하는 민주주의', '평화와 번영의 동북아 시대'와 함께 '더불어 사는 균형발전사회' 등을 3대 국정 목표로 채택하였다. 특히 '더불어 사는 균형발전사회'라는 국정 목표는 이후 지방분권적 균형국가라는 새로운 국정 패러다임에 부합하는 중요한 목표였다.

참여정부 균형발전정책의 가장 두드러진 특징은 바로 그동안 중앙집권적 불균형 국가의 패러다임 한계를 극복하고 새로운 패러다임을 모색하는 것에서 출발했다는 점이다. 특히 기존의 발전 패러다임 하에서 오랜 기간 중앙집권 체제에 따른 지방의 자치역량 약화, 요소투입형 불균형 성장, 수도권 중심의 일극 집중구조 심화, 수도권의 단절적 성장 패턴 고착 등으로 규정되는 중앙집권적 불균형 국가의 한계를 직시하게 되었다. 그에 대한 대안으로서 참여정부는 지방분권형 균형 국가를 위한 새로운 발전 패러다임을 모색하게 되었고, 이를 위해 분권형 국가의 건설, 혁신주도형 균형발전, 다핵발전 거점의 조성, 수도권과 비수도권의 동반성장 등을 추진하게 되었다. 따라서 처음부터 참여정부는 분권과 균형을 동시에 추구하려는 새로운 국가균형발전 패러다임을 지향했다고 볼 수 있다.

지역 간·계층 간 불균형을 시정하여 국민통합을 증진하고 새로운 성장동력을 창출하려는 '더불어 사는 균형발전사회'라는 국정 목표 속에서 추진된 참여정부의 균형발전 정책은 또한 과거와 달리 국가 비전을 이루기 위한 12대 국정과제 중 정치행정 분야에서 '지방분권과 국가균형발전'으로 채택되어 국정과제 수준에서 본격적으로 추진되는 점이 특징적이다.

그 정책의 개요를 보면 '전국이 고루 잘사는 균형사회 건설'이라는 비전과 '혁신주도형 지역발전으로 자립적 지방화 달성'이라는 목표 설정 속에서 국가균형발전을 위한 혁신정책, 균형정책, 산업정책, 공간정책, 질적 발전정책 등의 5대 정책을 추진하였다. 이를 위한 제도적 기반 확보를 위하여 국가균형발전특별법의 제정, 국가균형발전 5개년계획 수립, 국가균형발전특별회계 신설 등도 함께 추진하였다([그림 1-1]).

먼저 참여정부의 혁신정책은 외부에 의존하는 발전을 지양하고 내생적 지역발전을 지향하는 정책을 위하여 지역혁신체계(RIS)의 구축에 초점을 두었다. 이를 위해 지역혁신체계의 구축 및 운영 지원, 지방대학 육성 및 지역인적자원 개발, 산학협력의 활성화 등 관련 로드맵 과제를 추진하였다.

[그림 1-1] 참여정부의 국가균형발전정책 개요

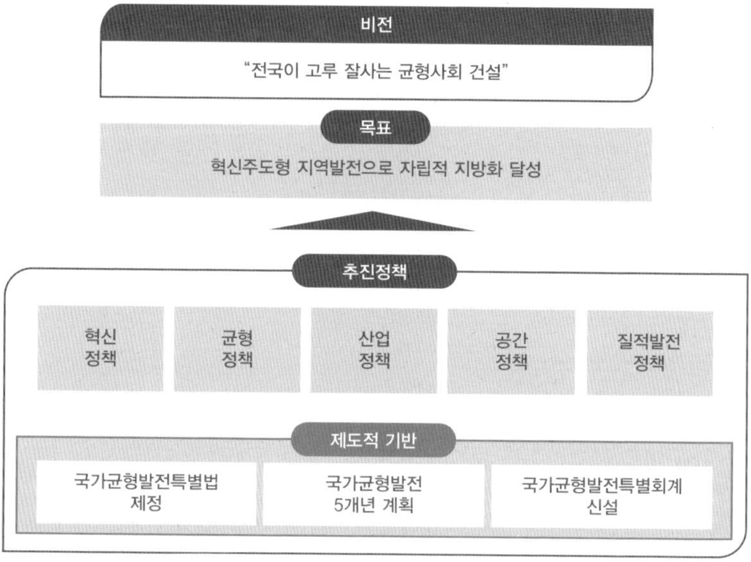

비전

"전국이 고루 잘사는 균형사회 건설"

목표

혁신주도형 지역발전으로 자립적 지방화 달성

추진정책

혁신 정책	균형 정책	산업 정책	공간 정책	질적발전 정책

제도적 기반

국가균형발전특별법 제정	국가균형발전 5개년 계획	국가균형발전특별회계 신설

출처: 국가균형발전위원회(2007).

둘째, 참여정부의 균형정책은 급격한 산업화와 도시화 과정에서 벗어나 소외되었던 낙후 지역을 대상으로 발전할 수 있는 균등한 기회의 제공 차원에서 추진되었으며, 낙후 지역 활성화, 지역특화발전특구 추진, 문화관광자원을 활용한 자립형 지역개발 등의 로드맵 과제를 중점 추진하였다.

셋째, 지역경제의 핵심적 기초로서 지역산업의 위상을 고려한 산업 정책을 추진하면서 참여정부는 특히 지역전략산업의 진흥, 산업단지 혁신클러스터화 추진, 대덕연구개발특구 육성 등의 과제에 초점을 두었다.

넷째, 참여정부가 추진한 공간정책은 수도권과 지방의 격차를 해소하고 수도권 과밀 문제 완화를 통한 수도권 경쟁력 강화 및 삶의 질 제고를 추진하는 동시에 행정 및 공공기관 이전을 통해 지방의 산업과 경제의 활성화를 증진시킴으로서 총체적이고 역동적인 균형발전 및 국가경쟁력 강화를 도모하였다. 이때 특히 신국토구상 수립 및 추진, 수도권 계획적 관리방안 수립, 공공기관 지방 이전 및 혁신도시 건설, 수도권의 기업의 지방 이전 등의 로드맵 과제에 초점을 두고 정책을 진행하였다.

[그림 1-2] 시도별 전략산업 현황

출처: 송우경(2012), p.31.

끝으로 질적 발전정책은 국토의 양적 및 질적 발전의 균형, 경제와 환경의 조화 등을 위해 추진된 정책으로서 살기 좋은 지역 만들기, 수도권의 질적 발전을 핵심 로드맵 과제로 추진하였다. 특히 수도권의 기능 분산을 위한 혁신도시, 신행정수도 건설, 공공기관 이전, 기업의 지방 이전·수도권의 계획적 관리를 위한 수도권 규제, 관리시스템 구축·수도권 경쟁력 증진을 위한 동북아 경제중심 개발 및 지방과의 균형 유도, 다핵분산형 구조를 통한 공간경쟁력 강화 등에 초점을 두었다.

2. 참여정부 균형발전정책의 성과와 한계

참여정부의 균형발전의 가장 주요한 성과는 바로 과거의 정책들이 부처 단위의 개별적이고 분산적인 정책들의 조합으로 추진된 것과 달리 균형발전정책을 국정과제의 의제로 격상시켜 추진했다는 점이다. 이는 역대 정부에서는 균형발전정책이 국가정책의 주변부적 위치에 불과했다는 한계를 확실히 넘어서는 큰 의미를 가진다고 볼 수 있다. 아울러 균형발전정책을 개별 사업단위로 추진하기보다 정책의 일관성과 지속성을 위해 확실한 제도적 기반을 확립한 것도 중요한 발전이며, 이때 마련된 제도적 틀이 여전히 지금까지 균형발전정책 추진의 토대 역할을 수행하고 있다.

참여정부는 무엇보다 균형발전정책을 추진할 수 있도록 국가균형발전특별법을 제정하고, 대통령직속 국가균형발전위원회를 설립하였으며, 정책재원 확보를 위해 국가균형발전특별회계도 신설하였다.

그러나 이러한 가시적인 성과와 함께 추진에 있어 몇몇 한계와 문제점도 노정한 것이 사실이다. 첫째, 의도한 바와 달리 균형발전에 비해 지방분권의 과제가 약화되었으며, 지역 주도의 내생적 균형발전을 표방했지만 실제 정책의 추진은 중앙정부가 주도하는 중앙집권적이고 외생적인 방식이 지배하였다. 둘째, 그와 함께 중앙부처별로 경쟁적으로 사업을 개발하여 추진하는 과정에서 중복 투자와 재원의 비효율이 발생하였다. 셋째, 비수도권의 발전을 적극 강조하면서 수도권과 지방 간 상호 협력적 발전 관계나 동반성장의 관계로 발전하지 못한 채 수도권과 비수도권이 오히려 대립하는 결과를 초래하였다.

II. 문재인 정부의 성과와 한계

1. 문재인 정부의 국가균형발전정책의 추진

문재인 정부도 참여정부의 전통을 이어받아 5대 국정 목표 중 하나로 '고르게 발전하는 지역'을 채택하였고, 또한 4대 복합·혁신과제 중 하나로 '자치분권과 균형발전'을 채택하여 균형발전에 대한 의지를 강하게 천명하였다. 이에 따라 정권 출범 초기 지방 및 정책 영역 관계자와 학자들의 기대가 상당히 높았다는 점도 사실이다.

우선 문재인 정부의 균형발전정책의 주요 개요를 살펴보면 다음과 같다. 문재인 정부가 추구하는 국가균형발전 3대 가치는 분권, 혁신, 포용으로 대별된다. 여기에서 분권은 지역 주도 속에서 자립역량 축적과 지역맞춤형 문제해결을 지향하고, 혁신은 혁신성장을 위해 혁신역량 제고와 지역경제·산업발전을 추진하며, 포용은 헌법적 가치 실현과 지역 간/내 균형발전을 통해 사회 통합을 지향하고 있다.

국정운영 철학의 맥락 속에서 문재인 정부는 '지역이 강한 나라, 균형 잡힌 대한민국'이라는 비전과 함께 '지역주도 자립적 성장기반 마련'을 목표로 균형발전정책을 추진하였다([그림 1-3]).

[그림 1-3] 문재인 정부의 균형발전정책의 개요

비전 ▶▶

지역이 강한 나라, 균형 잡힌 대한민국

목표 ▶▶

지역주도 자립적 성장기반 마련

전략 ▶▶

사람
안정되고
품격 있는 삶

공간
방방곡곡
생기 도는 공간

산업
일자리가
생겨나는 지역혁신

출처: 국가균형발전위원회(2020).

또한 문재인 정부는 그러한 균형발전정책의 비전과 목표를 달성하기 위하여 안정되고 품격 있는 삶을 지향하는 사람 전략, 방방곡곡 생기 도는 공간을 지향하는 공간 전략, 일자리가 생겨나는 지역혁신을 지향하는 산업 전략이라는 3대 전략과 함께 관련된 9대 핵심 과제를 설정하고 추진하고 있다(〈표 1-1〉).

2. 문재인 정부 균형발전정책의 주요 성과와 특징

무엇보다 문재인 정부가 출범하면서 한때 지역발전위원회로 변경되었던 참여정부의 국가균형발전위원회의 명칭을 복원하고 더 나아가 국가균형발전특별회계 예산 편성에 있어 사전 의견 제출권을 강화하는 등 균형발전정책의 컨트롤타워 기능을 강화한 것이 돋보인다. 이렇게 시작된 균형발전정책은 시·도 지역혁신협의회 구성을 통해 지역발전전략 수립, 사업기획 등을 진행함으로써 지역혁신 거버넌스의 구축도 추진하였다.

〈표 1-1〉 문재인 정부 국가균형발전비전 3대전략 9대과제

3대 전략	9대 과제	비고
사람 안정되고 품격 있는 삶	① 지역인재-일자리 선순환 교육체계 마련	
	② 지역자산을 활용한 특색있는 문화·관광 구현	
	③ 기본적 삶의 질 보장을 위한 보건·복지체계 구축	
공간 방방곡곡 생기 도는 공간	④ 매력있게 되살아나는 농산어촌 조성	
	⑤ 도시재생 뉴딜 및 중소도시 재도약	
	⑥ 인구 감소지역을 거소 강소지역으로 육성	
산업 일자리가 생겨나는 지역혁신	⑦ 혁신도시 시즌2	
	⑧ 지역산업 혁신	
	⑨ 지역 유휴자산의 경제적 자산화	

[그림 1-4] 문재인 정부의 지역혁신체계 구축 방향

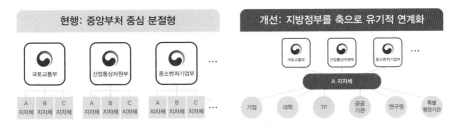

출처: 최준석(2019), p.13.

또한 3개 부문 9개 핵심사업 및 시·도 역점과제를 담은 제4차 국가균형발전계획을 수립하였고, 국가균형발전특별법 개정을 통해 지자체가 주도하는 지역발전투자협약제도도 추진하였다. 아울러 혁신도시

시즌 2 로드맵 마련과 지역인재채용의무제 도입을 통해 혁신도시의 지역성장 거점화도 함께 추진하고 있다. 특히 지역인재채용의무제는 공공기관 이전 지역 소재 지방대학 또는 고등학교 졸업자 또는 졸업 예정자를 우선 고용하는 제도이며, 현재 지역인재 의무채용 대상 공공기관은 130개에 달한다. 정책을 추진하면서 지역인재 채용 비율은 2018년 18%, 2019년 21%, 2020년 24%, 2021년 27%, 2022년 이후 30%까지 확대할 예정이었다. 그러나 2019년 기준 전국 평균 25.9%를 기록하여 목표치에 도달하지 못하였다. 예를 들어 부산의 경우 지역 인재 채용비율이 35%에 달하였으나 제주는 21%에 그치는 등 지역 간 성과격차가 크게 나타나는 한계도 보인다.

문재인 정부는 이전과 달리 보다 획기적으로 국가균형발전을 달성하기 위해 지역경제에 대해 파급효과가 큰 광역권 교통, 물류기반, 전략산업 등의 프로젝트에 대해 예비타당성 조사 면제를 통해 신속하게 추진할 수 있게 함으로써 상대적으로 낙후된 지역에 대한 인프라 투자의 기회를 확대하였다. 이에 따라 2017년부터 2021년간 총 122건, 96조 8697억 원에 달하는 예비타당성 조사 면제 사업을 실시하고 있는데, 이는 이명박정부의 60조 원, 박근혜정부의 24조 원에 비해 사업 규모가 96조 원으로 크게 증가한 것으로 나타났다.

최근 국가균형발전위원회는 기존 지역사업이 갖는 규모의 경제 달성과 성과 창출에서의 한계, 초광역협력 수요 증대, 수도권 초집중 대안의 필요성을 고려하여 초광역 프로젝트도 계획 및 추진하고 있다. 이를 위해 수도권 수준의 경쟁력을 갖춘 지역권역 형성을 목표로 공동 협력사업을 발굴 및 지원하고, 추진 주체 도입, 예산제도 개선 등 실행방안을 강구하고 있다〈표 1-2〉.

<표 1-2> 현재 초광역 프로젝트의 차별성

구분	과거정책(광역경제권, 광역관광개발 등)	새로운 초광역 협력 정책(안)
권역 설정	하향식·인위적인 권역 설정, 실제 집행 미흡(5+2 등 전국 기계적 분할)	상향식·프로젝트별 권역 설정, 실제 정책수요 기반(유연한 공간범위 설정)
거버 넌스	권한·책임성을 가진 추진체계 부재(지자체간 나눠먹기식 사업 추진)	실질적인 거버넌스 구축(특별지방자치단체, 프로젝트별 추진단 등)
예산	일반적인 지역사업 예산제도 활용	별도 예산계정(균특 협력) 설치 추진
분야	특정 분야(산업·관광·교통 등)	전 분야(보건·안전·환경·농식품·해양 등)

출처: 국가균형발전위원회(2020).

2020년 말 현재 충청권의 서해안권 초광역 대기질 개선, 충청권 자율주행 모빌리티 상용화 지구 조성, 충청권 4차 산업혁명 기반 소재부품산업 클러스터 구축, 울산·경남권의 동남권 그린수소항만 조성, 경북·강원권의 환동해 해양 헬스케어 융합벨트 조성, 광주·부산·경기권의 초연결 인공지능 헬스케어서비스 플랫폼 구축, 강원·충북·경북권의 중부내륙권 라이프 시큐리티 협력사업 등 13건의 초광역 협력 프로젝트를 발굴하여 지원사업으로 선정했다.

3. 문재인 정부 균형발전정책의 한계와 과제

현 정부는 참여정부의 경험을 살려 균형발전을 중요한 국정과제로 삼아 추진하고자 했으나 사실상 우리 사회의 시급한 정책과제 및 수요가 다른 정책 분야에 집중되면서 균형발전정책의 시급성과 추진 주체 모두 후순위로 밀려났다. 그 결과 전문가와 일반국민들이 느끼는 정책의 체감도가 매우 낮은 것이 사실이다. 실제로 지방의 전문가들 사이에서 현 정부의 균형발전정책의 존재와 역할에 대한 회의감을 종종 표현하는 경우를 보면 이를 잘 알 수 있다.

특히 현 정부의 균형발전정책이 시행된 지 많은 시간이 지났으나 수도권 집중은 오히려 심화되어 정책 실효성에 대한 회의감도 만연한 상태이다. 수도권 집중 심화와 수도권-지방 격차 심화라는 거대한 추세를 막지 못하고 있으며, 특히 2020년에는 역사상 처음으로 수도권 인구가 타 지역 인구를 추월하는 현상도 나타났다. 이 과정에서 특히 문제가 되는 것은 바로 젊은 세대의 수도권 이동 경향이 가속화되고 있다는 점이고 이는 지방의 입장에서 미래 전망을 더욱 부정적으로 만드는 핵심 요소로 작용하고 있다. 이제는 수도권-지방의 격차 확대를 넘어 서열화의 고착 및 기회 격차를 심화시키고 가치의 획일화 현상을 초래하고 있는 실정이다.

보다 구체적인 실태를 보면, 2017년 의료질 평가 결과자료에 의하면, 1등급을 받은 33곳의 병원 중 63.6%인 21곳이 수도권에 집중되어 있는 반면 등급제외, 최하등급인 5등급을 받은 병원은 163곳으로 강원, 대전·충청권, 대구·경북권 등 비수도권 지역의 병원이 125곳으로 약 76%에 달했다.

또한 2021년 대학 신입생 추가모집 규모가 전년도에 비해 2.7배 증가한 규모이며, 162개교 26,129명에 달하였는데, 이 중에서 91%가 거점 국립대를 포함한 지방대에서 추가모집한 비중이다. 아울러 한국교육개발원(KEDI)은 대학으로서의 역할을 하기 어려운 한계대학이 전국에서 84곳에 이른다고 분석했으며, 이중에서 비수도권 소재 대학이 70%를 차지하고 있다. 이는 주민의 삶과 지역의 미래역량을 결정하는 고등교육 여건에 있어 지방의 몰락을 여실히 보여주고 있다.

무엇보다 지역 간의 삶의 질 격차 심화와 지방의 핵심 기능과 자원의 유출로 인한 악순환 구조도 고착화된 것이 현실이다. 예를 들어, 지역 일자리 질 지수 분석결과 상위 그룹의 82%가 수도권 시군구 지역이며, 하위 그룹의 경우 대부분 비수도권 소규모 군지역이 포함된다. 또한 노동시장에 진입하는 고등교육기관의 학생수는 60% 이상이 비수도권에 분포해 있으나, 근로자 수는 수도권이 50%를 상회하고 있어 비수도권 지역의 인적자원 유출이 심각함을 알 수 있다. 특히 대학 진학 혹은 취업을 위해 비수도권 청년의 약 25%가 수도권으로 이주한 것으로 나타난다.

2017년 소득의 역외유출입의 경우에서도 수도권은 소득 유입이 83조 4,000억 원에 달하였고, 비수도권 지역은 소득 유출 금액이 75조 9,000억 원에 달하고 있어 거의 모든 지표에서 수도권과 지방 간 격차 심화는 이제 구조적으로 고착화 및 서열화로 나아갔음을 알 수 있다.

한편 이러한 구조적인 불평등 문제점 속에서 수도권 인구가 50%를 넘겼다는 점에 따른 위기감과 그에 따른 동남권 메가시티, 대구·경북 통합 등 지방의 자발적인 움직임이 등장하면서 균형발전정책이 새로운 전환점을 맞고 있다. 따라서 이제는 지금까지 수도권과 지방 간 불균형 구조 심화, 지방의 위기와 자발적 대응 등을 초래한 그동안의 균형발전정책이 갖는 근본적 한계를 직시하고, 새로운 정책 틀을 모색해야 하는 시점이다.

Ⅲ. 코로나19와 지역균형 뉴딜의 추진

1. 코로나19의 확산과 한국판 뉴딜

문재인 정부 하에서도 좀처럼 개선되지 않는 지역간 불균형에 대한 재인식은 2019년 말 전 세계를 강타한 코로나19로 재점화되었다. 코로나19는 다양한 영역에서 심각한 영향을 끼쳤으며, 이것은 국가적인 수준에서도 전례없는 구조적 전환을 촉발시켰다. 일차적으로는 디지털과 그린(환경)으로 대표되지만, 정부는 국가와 산업, 사회의 구조를 이와 같은 방향으로 빠르게 전환시키지 않으면 안 되는 상황에 직면하였다. 코로나19에 따른 경제·사회적 위기의 극복과 더불어, 경제·사회구조의 급격한 변화에 대한 적극적이고 능동적인 대응을 위한 국가 발전 전략이 필요하였다.

이에 따라 정부는 2020년 7월 14일 '한국판 뉴딜 종합계획'을 발표하였다. 향후 5년 동안 약 160조 원을 투자하는 대규모 투자사업이다. 디지털뉴딜과 그린뉴딜을 양대 축으로 하고, 여기에 안전망 강화를 추가한 종합적 발전전략이다. 그런데 사실상 한국판 뉴딜은 곧 지역발전을 위한 사업이라 해도 과언이 아니다. 160조 원에 달하는 한국판 뉴딜 예산 중에서 지역사업에 해당하는 것이 47%인 75조 원에 달하기 때문이다.

한국판 뉴딜은 중앙정부가 주도한 국가발전전략이지만, 그 성패는 지역에 의하여 결정될 수밖에 없는 전략이다. 한국판 뉴딜에서 제시된 대부분의 사업들이 지역 단위에서 추진될 수밖에 없다는 점에서 한국판 뉴딜 사업들은 지역 밀착형, 지역 주도형, 중앙-지방 협력형, 지방-

지방 협력형으로 추진되는 것이 중요하다.

한국판 뉴딜사업 중에서 지역의 균형있는 발전을 위하여 계획된 사업은 ① 한국판 뉴딜 종합계획 상의 지역사업, ② 지방자치단체가 주도하는 뉴딜사업, 그리고 ③ 지역의 혁신도시로 이전한 공공기관들이 주도하는 선도형 뉴딜사업으로 구성된다. 지역의 균형있는 발전을 위하여 중앙정부-지방자치단체-공공기관이 종합적으로 추진하는 사업이라 할 수 있다.

2. 지역균형 뉴딜 전략체계와 사업

지역균형 뉴딜은 '선도 국가로 도약하는 대한민국 대전환'을 위해 제시한 '한국판 뉴딜'을 지역 기반으로 확장한 개념이다. 한국판 뉴딜 사업 중에서 지역에서 시행되고 효과가 지역으로 귀착되는 디지털·그린 뉴딜사업과, 지자체가 자체 재원·민간자본 등을 활용하여 주도적으로 추진하거나, 공공기관이 지자체와 협업하여 추진하는 사업으로 구성된다.

한국판 뉴딜 투자계획 160조 원 중 실질적으로 지역에 투자되는 규모는 전체의 약 47%인 75.3조 원이다. 지역문화·관광 콘텐츠 고도화, 지역 의료여건 개선, 국가관리 기반시설 디지털화 등 디지털뉴딜에 24.5조 원, 교육인프라 확충, 공공건축물 그린 리모델링, 신재생에너지 산업육성·보급 지원, 녹색산업 혁신생태계 조성 등 그린뉴딜에 50.8조 원을 투자한다.

[그림 1-5] 지역균형 뉴딜의 체계도

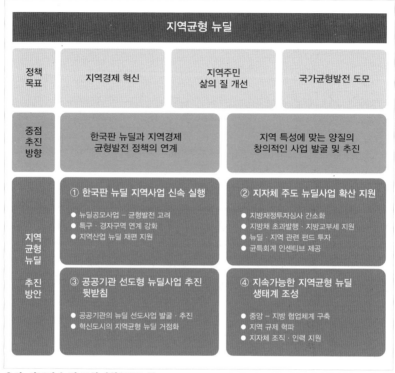

출처: 한국판 뉴딜 종합계획(2020. 7).

중앙정부 중심의 투자와 더불어 각 지자체는 '자체 재원+민자'를 활용하여 지역 특성에 맞는 지자체 주도형 뉴딜전략을 수립하고, 뉴딜 전담부서 신설, 사업 발굴 등을 추진하도록 하고, 지역 소재의 공공기관들은 보유자원 및 자체 재원을 활용해 태양광·풍력 등 신재생에너지 개발사업과 같이 한국판 뉴딜과 관련된 사업을 선도하여 추진하도록 하였다. 지자체가 담당하는 뉴딜사업의 신속한 추진을 위해 총사업비 500억 원 이상 사업에 대한 타당성 조사 및 지방재정 투자사업 심사 등의 절차를 간소화하고, 투자 효과가 큰 사업이나 시급성이 높은 사업의 경우 투자심사 등을 면제할 수 있도록 했다. 또한 지역균형 뉴딜사업을 적극적으로 추진하는 지자체에 대해서는 지방교부세를 지원할 수 있도록 하였다.

나아가 혁신도시별로 지역균형 뉴딜을 위한 협업과제를 발굴해 공공기관과 지역사회(기업, 대학)·주민·지자체가 함께 추진하여 지역 혁신을 위한 시너지효과가 창출될 수 있도록 하였다.

〈표 1-3〉 혁신도시별 지역균형 뉴딜 거점(사례)

도시	대표기관	협업과제명	추진 내용
대구	가스공사	그린에너지 캠퍼스 구축	• (가칭)그린에너지 캠퍼스 • 중소기업 상생펀드 조성
울산	석유공사	친환경에너지 융합클러스터 조성	• 부유식 해상 풍력발전 개발 • 산단 지붕태양광 설치
경북	도로공사	남부권 스마트물류 거점도시 육성	• 스마트 물류시설 구축 • 스마트 물류정보센터 조성
전북	국민연금공단	자산운용 중심 금융도시 조성	• 빅데이터 포털시스템 구축 • 전북 금융타운 조성
광주 · 전남	한국전력	에너지 밸리 조성	• 유치기업 투자 촉진을 위한 이자지원 및 투자펀드 조성 • 에너지밸리 특화인력 양성 및 지역 중소기업 판로지원
강원	건강보험 공단	실버의료기기 메카 조성	• 고령친화용품 실증 · 연구센터 설립 • 채용 전제 특화실습교육
충북	정보통신 산업진흥원	K-스마트 교육 시범도시 구축	• ICT 교육환경 구축 등 언택트 교육특화 • 5G+ 실감 교육콘텐츠 개발
제주	제주국제자유 도시개발센터	교육 · 연수 연계 스마트MICE활성화	• 제주권역 지역선도대학 육성 • 제주 EV랩 구축

출처: 행정안전부.

전국의 지방자치단체도 지역산업 및 입지, 지역발전 전략 등을 고려하여 다양한 지역균형뉴딜전략을 개발하여 추진 중이다. 〈표 1-4〉는 지역별로 추진되는 뉴딜 사례의 예시이다.

자치단체	지역균형 뉴딜 추진 사례
대구	(사업명) 로봇산업 가치사슬 확장 및 상생시스템 구축사업 - 상생협력 로봇화 공장 확대 및 부품 · 소재 · 장비 등 국산화 · 고도화 지원
세종	(사업명) 자율차 시범지구 운영 - 자율 주행차 상용화 촉진을 위한 시범운행 특례지구지정 · 운영 계획
경기	(사업명) 경기도 공공디지털 SOC 구축 - 소상공인 지원 위해 도내 배달업체가 활용할 수 있는 공공배달 플랫폼 구축 등
충북	(사업명) 스마트 의료 플랫폼 시범모델 사업 - ICT 기반 진단기기 개발 통해 비대면 환자관리시스템 구축
대전	(사업명) 대전형 뉴딜 정책자금 신설 - 성장 가능성 높은 분야의 스타트업 및 벤처창업 기업의 지원을 위한 정책자금 마련
인천	(사업명) 혁신생태계 사이언스 파크 조성 - 바이오, ICT, 데이터, 디자인, 혁신의료기술 등 첨단분야 연구 · 사업화 기반 구축 등
서울	(사업명) 신축건물 ZEB 가속화 - 에너지 효율 높고, 온실가스 배출 없는 건물(ZEB)로 의무화
부산	(사업명) 서부산권 신재생에너지 자립도시 조성 - 에코델타시티에 신재생에너지 시설(연료전지, 집단E) 설치
광주	(사업명) 광주 제1 하수처리장 연료전지 발전사업 - 소각장 폐쇄에 따른 대체열원으로 연료전지(12.3MW, PAFC방식) 발전소 건설
전남	(사업명) 해상풍력 발전단지 조성 - 전남 서남권 지역에 우수한 해상풍력 이용 대규모 해상풍력 발전(8.2GW)단지 조성
전북	(사업명) 새만금(태양광), 군산, 부안(해상풍력) 등 - 새만금 재생에너지 클러스터 조성 및 서남권 해상풍력(6.77GW)단지 조성

출처: 행정안전부.

3. 한국판 뉴딜 2.0과 지역균형뉴딜의 효과적 추진

한국판 뉴딜 1.0의 추진 성과 및 변화하는 환경을 반영하여 2021년

7월 한국판 뉴딜 2.0이 발표되었다. 전 세계적으로 다시 강조되기 시작한 기후변화 대응과 탄소중립, 디지털 가속화를 반영한 확대 계획이라 할 수 있다. 기존에 추진하던 스마트 전력 플랫폼 구축, 스마트 양식 클러스터 조성 등 사업 성과를 확산하고, 탄소중립적 성격이 강하고 지역적 체감효과가 높은 사업을 지역균형 뉴딜사업에 추가하였다. 지역별로 우수한 뉴딜사업에 대해서는 신속한 추진과 성과 확보를 위하여 행·재정적 인센티브를 확대하는 등 지역 주도 사업을 강조하였다. 중앙정부 주도형 사업과 더불어 지역이 주도하는 사업은 상대적으로 주민 체감도와 성과의 확보 가능성이 높다는 점에서 향후에도 지역 주도의 뉴딜사업이 강조될 수밖에 없을 것이다.

대한민국을 변화시키고, 지역발전을 선도하기 위한 지역균형 뉴딜이 본격적으로 추진되고 있다. 많은 계획들이 마련되었으며 이를 위한 재정도 적극적으로 투자되고 있다. 그러나 지역균형 뉴딜이 효과적이고 신속하게 추진되기 위해서는 앞으로도 다양한 고민과 검토가 여전히 필요하다. 이를 위한 몇 가지 고려 사항들을 제시하면 다음과 같다.

첫째, 융합전략에 기반한 지역균형 뉴딜사업 개발이 필요하다. 그린 뉴딜과 디지털뉴딜 ,그리고 지역균형 뉴딜은 개별적으로 추진될 수 있는 경우도 있지만, 이제는 다양한 분야들이 경계없이 융합화되고 있다는 점에서 이들이 시너지를 창출할 수 있도록 융합하여 추진할 수 있어야 할 것이다.

둘째, 초광역적 뉴딜사업의 추진이 필요하다. 자치단체에서 다양한 지역균형 뉴딜사업들이 추진되고 있는 것은 긍정적으로 평가할 수 있다. 그러나 많은 정책과 관련 서비스들이 광역적으로 추진됨으로써 보다 큰 효과를 확보할 수 있다는 점에서 개별 자치단체의 영역을 넘어서는 초광역적 뉴딜사업이 추진될 수 있도록 자치단체 간 협력이 이루어져야 할 것이다.

셋째, 지역주민 삶의 질 중심의 사업 개발이 필요하다. 지역주민의 지지와 참여가 없이는 지역균형 뉴딜사업이 효율적으로 추진되기 어렵다는 점에서 SOC 중심의 대규모 사업 외에도 지역주민의 삶에 보다 직접적으로 영향을 줄 수 있는 뉴딜사업을 개발할 필요가 있다.

넷째, 지역 맞춤형 뉴딜사업의 발굴과 추진이 필요하다. 다수의 사업들이 공모 방식을 활용하고 있는데, 지역의 특수한 상황과 고유한 발전전략을 고려한다면 중앙정부 중심의 공모 방식과 더불어 지역 주도의 지역 맞춤형 뉴딜사업을 확대 발굴하여 추진할 필요가 있다.

다섯째, 혁신역량의 구축과 강화를 통한 지역균형 뉴딜의 추진이 필요하다. 혁신에 기반하지 않는 지역균형 뉴딜은 지속성을 확보하기 어렵다. 따라서 지역내 혁신역량의 강화가 필요하다. 지역에서 새로운 아이디어와 실험이 활발하게 이루어지고, 이를 실천하기 위한 인프라와 네트워크가 확보되어야 한다.

제2장

초광역 전략의 방향 : 분권형 균형발전

이원호 성신여자대학교 지리학과 교수

이진 건양대학교 교수

윤태범 한국방송통신대 행정학과 교수

1. 초광역 전략의 등장 배경

1. 수도권-지방 불균형구조의 심화

최근 부울경, 대구·경북 등을 중심으로 나타나는 초광역권 관련 논의의 배경에 자리잡고 있는 것은 무엇보다 2021년 기준 50% 이상인 인구뿐 아니라 1,000대 기업 본사(75.3%), 신용카드 사용액(72.1%), 1,000대 기업 매출(86.3%) 등 경제활동(경제력)의 수도권 집중도가 매우 심각하다는 사실이다. 또한 2017년 기준 종사자는 수도권이 1,111만 명으로 비수도권 중 가장 많은 부산·울산·경남권 합인 322만 명의 3.45배에 달하고, 매출 1,000억 원 이상의 벤처기업의 62.2%가 수도권에 입지하고 있으며, 2017년 기준 연구·개발 인력의 61.8%인 42만 7,000명이 수도권에 집중되어 있다. 또한 혁신성장기업(809개)의 입지 패턴 분석결과, 혁신성장클러스터는 수도권 남부 중심으로 형성되어 있다. 남방한계선은 천안시 북구이며 그 외의 비수도권 지역은 대전 유성, 광주 북구, 부산 해운대가 있는 것으로 나타났다.

인구 면에서도 사태는 심각하다. 수도권에 비해 지방은 출산율이 높긴 하지만, 228개 시군구 중 46.1%인 105개는 소멸위기에 있고, 수도권의 낮은 출산율은 세계적으로 낮은 우리나라 출산율 하락에 큰 역할을 하고 있다. 그러나 아이러니하게도 수도권 집중은 오히려 과도한 경쟁, 부동산 폭등 등으로 삶의 질 하락을 초래하고 있다. 이러한 심각한 상황 속에서 최근 정부의 일부 산업 및 도시공간 및 입지정책은 균형발전에 역행하는 결정으로 인식되고 있다. 예를 들어, SK 하이닉스 용인 입지, GTX 추진과 3기 신도시, 리쇼어링 기업의 수도권 우선 배치 등이 이에 해당한다.

[그림 2-1] 수도권 집중과 지역불균형 현황 : 6대 광역권 비교

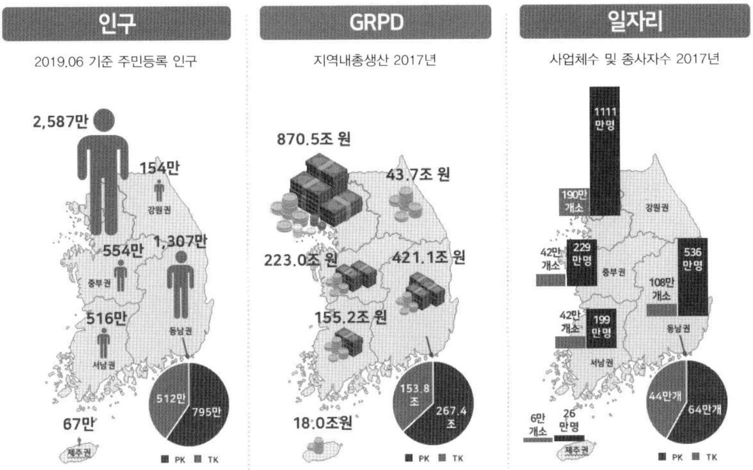

출처: 국가균형발전위원회(2019), p.5.

지방은 인프라 투자 측면에서도 상대적 피해를 받고 있다. 관련된

경향신문의 종합보도에 따르면, 지난 5년 동안 종합평가(AHP) 0.5 미만으로 예타를 통과하지 못한 사회간접자본(SOC) 사업 27건을 보면, 수도권 사업은 82.4%의 통과율을 보인 반면 비수도권은 69.6%의 통과율에 그쳤다. 또한 2019년 전북연구원의 연구에서 2016~2018년 비수도권 예타사업 중 정책성 및 지역균형 평가에서 높은 점수를 받아 통과한 사업이 18건으로 이들 사업의 평균 B/C 값은 0.93 정도로 분석되었다고 알려졌다.

이처럼 이미 일정 수준의 인구나 인프라 규모가 충족되었다면 사업 편익이 높이 평가될 수 있지만 낙후된 지역은 B/C 값 1을 넘기 어려운 것이 현실로 나타났다.

2. 지방의 위기와 초광역권 협력의 움직임

수도권 집중 심화와 지방의 위기에 대한 대응으로 지방 스스로 초광역적 협력을 통해 수도권과 경쟁할 수 있는, 즉 광역 시·도를 넘어서는 초광역 권역단위 균형발전전략을 모색하고 있다. 대표적으로 수도권 과밀화를 막고 지역 균형발전을 위해 부산, 울산, 경남을 하나의 광역경제권으로 묶는 메가시티(제2의 수도권) 구축 전략과 대구·경북 분리에 따른 사회적 비용 극복과 수도권에 대응하는 지역자립 성장모델로서 대구경북 행정통합 추진이 있다.

이러한 움직임은 앞에서 살펴본 수도권-지방 간 격차 심화를 넘어 고착화 및 서열화 경향을 더 이상 방치할 수 없다는 지방의 위기감 속에서 지방의 자발적인 노력으로 시작되었다는 점이 매우 특징적이다.

3. 코로나19 이후 균형발전정책의 과제

외환위기와 글로벌 금융위기처럼 코로나19의 영향도 사회계층과 지역에 따라 매우 차별적으로 작용했다. 결과적으로 수도권에 비해 지방의 생산활동 침체, 수출 부진, 노동시장 악화 등이 더욱 심각한 상황이다. 실제로 코로나19 발생 이후 제조업과 서비스업 모두 비수도권 지역의 침체가 두드러지며, 수도권 대비 회복탄력성이 저하된 것으로 나타난다.

코로나19 이후 지역경제 변화를 다룬 국가균형발전위원회와 산업연구원의 2020년 보고서에 따르면, 2020년 4월 대부분의 비수도권 지역이 수도권 수출증가율 감소폭보다 더 낮게 나타나고 있고, 수출 부문에서도 지역 간 편차가 크게 나타나고 있다.

[그림 2-2] 수도권과 지방의 빈 일자리 수 및 증가율 추이

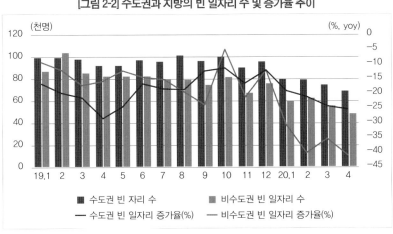

출처: 국가균형발전위원회·산업연구원(2020), p.16.

[그림 2-3] 수도권과 지방의 취업자 및 실업자 추이

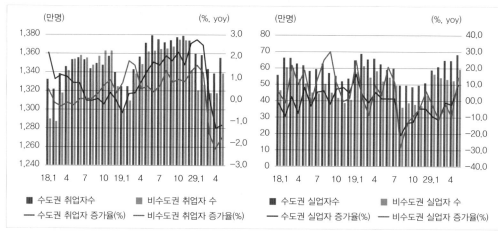

출처: 국가균형발전위원회·산업연구원(2020), p.16.

특히 코로나19 이후 고용 상황 악화로 인해 대구광역시는 2020년 4월 기준 지역별 고용보험 피보험자 추이에서 −0.6%를 기록할 정도로 힘든 상황이라고 분석되었다. 〈전북일보〉 보도에 따르면, 전북에서 도외 거주자 카드사용 감소량은 35.22%로 주로 여행, 숙박업에서 두드러졌으며, 이외에도 도·소매업 30.3%, 숙박·음식점 20.6%, 운수업 10.8% 순으로 카드 지출이 감소하는 등 지역경제가 침체되고 있는 것으로 조사되었다.

따라서 코로나19 이후 심화된 지역 간 일자리, 소비, 가계소득, 성장잠재력 등의 측면에서 심화되고 있는 불균형 현상에 대한 새로운 대응책이 필요한 시점이다.

[그림 2-4] 대구·경북 지역 업종별 매출액 변동률 추이

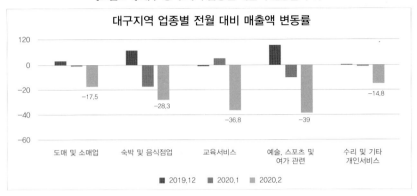

[그림 2-4] 대구·경북 지역 업종별 매출액 변동률 추이

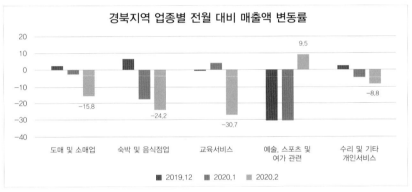

출처: 국가균형발전위원회·산업연구원(2020), p.47.

II. 초광역 전략의 방향으로서 분권형 균형발전

1. 참여정부 후반기 분권과 균형의 조화 논의

참여정부 후반부 들어 분권 강화의 관점에서 참여정부의 균형발전 정책이 하향평준화 정책이라고 주장하며, 지역이 자생적으로 발전하

기 위해서는 권한과 재원 등에 관한 사항을 지방으로 이양하여 지역 스스로 결정·집행할 수 있도록 행정분권과 재정분권을 제도적으로 강화할 필요가 있다는 점을 강조하는 주장이 제기되었다. 이러한 관점에 따라 분권을 우선시 하는 정책을 추진하여 지역 자치권을 강화하고 이를 통해 지역의 특성화 발전을 이루어야 하며, 낙후 지역을 위해서도 분권을 통해 선도 지역의 경제성장 혜택을 지방으로 이전할 수 있다는 주장이 제기되었다.

[그림 2-5] 시간에 따른 분권과 균형의 우선순위

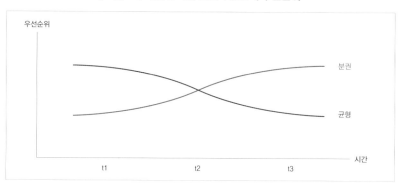

출처: 국가균형발전위원회(2007).

그러나 이에 대응한 분권·균형 병행론은 우리나라의 경우 지역 간 불균형을 시정해야 한다는 요구와 지방의 자치권을 확대해야 한다는 요구가 모두 강하기 때문에 분권정책과 균형발전정책을 동시에 추진해야 한다고 주장하였다. 또한 세계화 시대에 부응하여 지역의 총체적 역량을 극대화해야 하므로 지방분권과 균형발전은 상충적 관계가 아니라 보완적 관계로 이해되어야 한다는 인식이 필요하다고 보았다. 또한 분권정책과 균형발전정책을 병행 추진하되 초기에는 균형발전 정책을 더 중시하고, 시간이 흐름에 따라 분권정책을 더 중시하는 방향으로 정책 순서를 조정해가야 한다는 사실도 강조하였다([그림 10]).

이러한 분권 우선 주장과 병행 주장 간 긴장관계가 형성되고 논의는 이루어졌지만 당시 정권 말기에 접어들어 정책 동력이 낮아지면서 새로운 정책적 논의로 전환되지 못한 채 참여정부가 마무리되어 버렸다.

2. 분권형 균형발전의 필요성

먼저 현재 나타나고 있는 수도권 집중의 심화 및 그동안 중앙정부 정책의 일관성 결여 등 실효성에 대한 의문이 제기되면서 전반적으로 중앙정부가 주도하는 균형발전정책에 대한 문제 제기로 나아가고 있다. 특히 전문가 사이에서는 균형이라는 정책적 가치에 대한 사망선고와 함께 그 대안으로 포용, 자립, 혁신 등을 제안하기도 한다.

또한 대내외 산업 여건의 변화에 따라 지방의 경제를 지탱해 온 공간분업과 분공장 시스템이 약화 및 해체되고, 코로나19로 인한 경제 침체의 차별적 영향력이 심화되면서 지방의 위기감을 증폭시키고 있다. 공간분업에 의해 기업의 연구·개발(R&D)이나 디자인 분야, 스타트업은 대체로 대도시에 입주하며, 베드타운이나 제조업 단지는 도심에서 멀리 떨어진 지역에 위치하게 된다.

실제로 전문 과학 및 기술 서비스업의 사업체 수 비율에서 수도권이 59.7%를 차지하고 있으나 동남권은 15.1%에 불과하고, 2018년 기준 총 R&D 예산도 수도권이 약 70%를 차지하는 것에 반해 동남권은 7%에 불과하여 규모면에서 수도권의 총 R&D 예산은 동남권의 총 R&D 예산의 10.8배에 달한다. 이러한 격차가 결국 지역 내 혁신 잠재력의 격차로 이어져 지방의 미래에 대한 불안을 증폭시켰다. 그 결과, 최근 지방 스스로 초광역 협력을 토대로 새로운 균형발전전략의 필요성을 자각하고 더 나아가 중앙정부에 요구하는 단계에 이르렀다.

한편 현 시점에서 균형발전을 지향한다 하더라도 지금처럼 수도권에 대응하는 거점화는 초광역 권역이 추구하는 모델로서는 적절하지도 그리고 가능하지도 않을 것이다. 이제는 수도권과의 비교를 떠나 지역 고유의 경제권역 단위별로 자율적인 순환경제시스템의 구축과 산업/교육/보건복지의 지역생태계 구축을 통해 지역 내 삶의 질을 본질적으로 유지하는 보다 현실적인 전략이 필요한 시점이다.

3. 분권형 균형발전의 개념 설정 및 추진 방향

균형발전에 대한 필요와 요구는 장기간의 중앙집권 및 수도권 초집중화로 인한 폐해로부터 비롯되었다. 그렇기 때문에 분권과 분산이 자연스러운 해법으로 도출, 제시될 수 있다. 기본적으로 분권형 균형발전이란 국가 자원에 대한 분산을 통해 인적·물적 자원의 효율적 재배치, 더 나아가 지방자치를 실현하고 국가의 균형적 발전을 도모하자는 것이다.

현재 국가 균형발전은 국가개조론에 가까운 국가-광역-기초의 계층구조 재편 없이는, 또한 중앙정부와 지방정부의 획기적 기능 재편 없이는 추진이 불가능한 실정에 이르렀다. 이제부터 추진되어야 하는 분권형 균형발전은 기존의 중앙 주도 또는 중앙선도-지방참여 방식을 벗어나 정책 기획, 조직, 예산 측면에서 지방이 주도(지방정부의 자율성을 인정)하는 방식을 통해 균형발전을 추구하는 전략을 의미한다. 이는 지금까지 선언적으로만 다루어져 왔던 지역 주도 또는 지역 중심의 접근을 본격적으로 채택하는 것을 말하며, 이를 위해서는 참여정부와 마찬가지로 실행을 위한 광범위한 제도적 개혁과 정책 추진의 혁신이 병행되어야 함은 당연한 과제이다.

분권형 균형발전의 개념은 먼저 앞에서 언급한 분권 우선론과 인식을 공유하지만, 분권을 이루면 당연히 균형발전이 가능하다는 분권만능주의를 경계한다. 또한 병행론이 주장하는 바 분권과 균형이라는 가치를 동일한 위상으로 인식하고 순차적으로 적용해야 하는 것에도 반대하며, 균형이라는 목표를 위한 필요충분조건으로서 분권을 중시해야 한다는 점을 강조한다.

이러한 맥락 속에서 균형발전의 의제는 참여정부의 전통을 이어 국정과제로 설정, 추진하는 것이 우선 필요하다. 또한 정책기조의 일관성, 역량을 가진(enabling) 조직 및 추진체계, 균형발전예산의 편성권 등 중앙정부 차원에서 해야 할 역할을 새롭게 정책 의제로 설정하고 관철해야 한다. 더 나아가 산업, 인적 자원, 공간(인프라) 측면에서 균형발전을 위한 국가적 차원 및 지방정부 차원의 계획과 실천전략을 동시에 마련하는 것도 반드시 필요하다. 아울러 중앙-지방의 수평적 관계를 구속하는 제도를 기존 국가균형발전위원회와 국가균형발전특별법 틀 속에서 담아내는 방안에 대해서도 검토가 필요하다고 본다.

중앙정부와 지방정부의 관계는 수평적 관계로 설정하고 전략적 동반자이자 견제자로서, 균형발전에 합목적적인 분권을 위한 실천전략과 정책과제를 마련해야 한다. 궁극적으로 지방의 정책기획 역량 제고와 필요 재원 확보에 긍정적인 방향으로 지방의 권한이 강화되는 것이 우선적으로 필요하다. 또한 초광역 단위의 신설에 걸맞는 권한 부여를 위한 행정체계의 개편과 제도적 안착을 위한 노력도 요구된다.

특히 앞서 언급했듯이 지역 고유의 경제권역 단위별 자율적인 순환경제시스템 및 지역 산업/교육/보건복지 등의 분권생태계 구축을 통해 지역 내 삶의 질을 본질적으로 유지하는 전략이 시급한 시점이다. 그러므로 중앙과 광역/기초 단위의 기능 배분, 즉 산업경제, 중소기업, 고용노동, 교육, 보건복지 등에 있어서 자치분권 생태계의 마련은 매우 중요하다고 주장하는 바이다.

| 참고문헌 |

경제·인문사회연구회·국무조정실·국가균형발전위원회, 2020, 문재인정부 지역 뉴딜 : 2단계 균형발전 추진 과제 제안, 국무총리 보고자료.

국가균형발전위원회, 2007, 참여정부의 지방분권과 국가균형발전정책, 발표자료.

국가균형발전위원회, 2019, 국가균형발전을 위한 초광역협력사업 추진계획, 대통령 보고자료.

국가균형발전위원회·산업연구원, 2020, 코로나19 이후 지역경제 변화와 균형발전정책, 균형발전 모니터링 & 이슈 Brief 제2호.

대통령정책실, 2003, 참여정부의 21세기 국가발전전략 : 분권과 자율의 균형발전국가, 발표자료.

송우경, 2012, 2000년대 이후 한국 지역정책의 비교와 시사점, Issue Paper 2012-299, 산업연구원.

안영진·이원호, 2016, 저성장 시대의 지역정책 평가와 발전방향, 국회예산결산특별위원회.

이원호, 2018, 우리나라 균형발전정책의 변천과 문재인정부 지역정책의 성공을 위한 정책과제, 대한지리학회 2018 연례학술대회 특별세션 발표자료.

이진, 2021, 분권과 사회서비스의 혁신, 정책기획위원회 전체회의 (2021.6.29) 분과토론 자료집, pp.198-201.

지역발전위원회, 2018, 문재인정부 국가균형발전 비전과 전략.

최준석, 2019, 문재인정부의 국가균형발전정책, 공공정책 2019년 7월호.

제2부

해외 사례에 대한 검토

제3장

영국의 도시권 중심의 광역화 사례와 시사점[1]

정준호 강원대학교 부동산학과 교수

I. 서론

1980년대 이후 수도권 집중 현상은 지속되어 온 것이지만 2010년대 중반 이후의 그것은 심상치 않다. 2010년대 이후 2%대의 저성장이 이어지고, 비수도권에서 조선, 자동차 등 일부 산업에서 구조조정이 벌어지면서 한국판 '러스트벨트'가 나타날 수 있다는 위기감이 고조되고 있다. 또한 기존 낙후 지역을 중심으로 인구 감소에 따른 지방 소멸 현상이 나타나고, 괜찮은 일자리를 찾아 수도권으로 청년층의 순인구 이동이 증가하면서 비수도권은 위기감을 느끼고 있다.

과거와 달리 인접 지자체 간의 연합 또는 행정구역 통합을 통해 이에 대처하려는 움직임이 비수도권에서 자발적으로 나타나고 있다. 특히 부·울·경 메가리전(mega-region) 논의와 대구·경북과 광주·전남

---

1 이는 정준호(2021), "최근 영국의 도시권(city-region) 단위 광역화와 시사점", ≪열린 정책≫, 통권 9호, pp. 144-149 및 정준호(2020), "영국의 광역 연계정책 추진 동향과 시사점: 잉글랜드 지역을 중심으로", 국토연구원 제출원고 등의 내용을 기반으로 수정·보완하고 확대한 것임.

간의 행정구역 통합 논의가 대표적이다. 이와 같은 행정구역을 넘어서는 초광역 연합 또는 통합 전략은 우리나라에서도 생소한 것은 아니다. 이명박정부 시기에 지역 간 균형발전을 위해 5+2 초광역권 전략이 시행되었으나 별다른 반향을 일으키지는 못했다. 이번에는 중앙정부 차원이 아니라 광역지자체 수준에서 자발적으로 제기되고 있으며 행정구역 통합까지 염두에 두고 있다는 점에서 기존 초광역권 전략과는 질적으로 다른 것으로 보인다.[2]

우리나라처럼 중앙집권의 전통이 강하고 수도권과 비수도권 간 격차처럼 남북 간 격차(North-South Divide)가 심한 영국(잉글랜드)에서도 2010년대 들어 도시권(city-region) 중심의 분권화를 추진하고 있다. 1997년 집권한 신노동당 정부는 광역화 의제를 밀고 나가 광역 런던시(Greater London Authotity)를 출범시켰다. 이를 발판으로 신노동당 정부는 잉글랜드 차원에서 도시와 농촌이 통합되는 지역정부(regional government)를 구성하려 했으나 주민투표에서 참패를 당해 그 기획은 사실상 무산되었다. 영국(잉글랜드) 내 지역정부 수립이 좌절되자 광역화의 대안으로 기능지역 기반의 도시권(city-region)이 부각되었다.

하지만 2010년 보수당 연정이 집권하면서 상황은 달라졌다. 그 무렵 글로벌 금융위기와 유럽 재정위기의 여파로 영국 정부는 재정 긴축을 강하게 내세웠다. 이를 반영하여 보수당 연정은 작은 정부와 큰 사회(Big Society)를 내세웠으며, 공공지출을 삭감하기 위한 로컬 단위로의 분권 강화가 추진되었다. 2010년대 중반 보수당 정부가 단독 집권

---

2 이는 공간적 규모로는 일종의 '광역화'(regionalization) 움직임이라 볼 수 있다. 우리나라 맥락에서는 이를 '초광역화'라고 일컫고 있다.

하면서 신노동당 정부 말기에 논의된 도시권을 광역화의 대안으로 수용하기에 이른다. 이는 도시권 협상(City Deals)과 분권 협상(Devolution Deals)으로 구체화하였다(정준호·이일영, 2017).

이 글은 이처럼 외견상 우리나라와 비슷한 처지에 있는 영국이 2010년대 이후 어떻게 광역화 기반의 분권화를 추진하고 있는지에 대해 검토하고 이에 대한 시사점을 도출하고자 한다. 이를 위해 2절에서는 광역화 움직임의 배경과 진행 과정에 대해 정리한다. 3절은 구체적으로 도시권 협상과 분권 협상을 기술한다. 마지막으로 4절은 앞의 논의를 토대로 정책적 시사점을 도출한다.

II. 광역화의 배경과 진행 과정

1. 2008년 글로벌 금융위기 및 재정위기로 인한 이중 정부 형태의 균열

전통적으로 영국의 중앙정부와 지자체 간의 관계는 상이한 기능을 수행하는 '이중 정부 형태(dual polity)'에 기반하고 있다(Shaw and Tewdwr-Jones, 2017). 이는 중앙정부는 외교, 국방 및 경제 등 '상위 정치(high politics)' 이슈를 다루지만, 지자체는 학교, 도로 쓰레기 처리 등과 같은 로컬 서비스 전달이라는 '하위 정치(low politics)'의 영역을 담당한다는 것을 일컫는다. 1970년대 중반 이후 영국 경제가 쇠퇴하고 특히 최근 글로벌 금융위기의 여파로 심대한 재정 긴축 국면으로 들어가면서 기존 체제에 대한 여러 가지 문제들이 드러나기 시작했다.

중앙정부가 공공서비스를 현대화하고 복지국가를 개혁하고 지자체에 대한 지출을 더욱더 강하게 통제하면서 최근에 나타나는 현상이 지자체가 상위 정치의 영역에 통합되고 있다는 것이다. 구체적으로는 지자체가 혁신과 경제 영역의 업무를 담당하게 되었다. 따라서 현재 권한과 책임의 분권화는 중앙정부의 요구를 반영하고 있는 것이다. 이는 재정 긴축과 긴밀히 연관되어 있다(Shaw and Tewdwr-Jones, 2017).

영국의 행정구역 체계는 로컬(local) 수준인 대도시(metropolitan) 및 카운티(county)/셔(shire) 단위로 구성되어 있다. 중앙과 로컬 간 중간 영역이 없어서(missing middle) 나타나는 문제들에 대처하기 위해 기존 행정구역을 광역화하려는 시도, 즉 로컬 단위를 '광역 단위(region)'로 바꾸려는 기획들은 1960년대 이후 주로 노동당 집권 시기에 나타났다. 예를 들어, 계획위원회(planning councils), 지역청(regional government offices), 지역발전기구(development agencies) 등이 그것이다. 이러한 시도는 신노동당 정부 시기 광역 런던시의 출범을 제외하고는 현재의 보수당 집권 이전까지는 사실상 실패했다.

이러한 실패에 대한 대안으로 정책 통합 및 전달의 적절한 공간 단위로 광역 지역 단위 대신에 '도시권(city-region)'이 보수당 연정이 집권한 2010년 이후 부상되면서 경제·사회적 권한을 도시 및 인근 배후지로 이양하는 '도시권 협상(city deals)'이 지역별로 상이하게 진행되어 왔다(House of Commons, 2015). 그리고 2015년 이후 런던을 중심으로 잉글랜드 남부와 북부 간 지역 간 경제·사회적 격차를 의미하는 남북 분단에 대한 우려가 더욱더 심화하자 3개 잉글랜드 북부 지역들을 포괄하는 초광역권(pan-regional Northern Powerhouse) 개발 움직임이 나타나고 있기도 하다.

이러한 광역화 움직임은 전술한 바와 같이 영국 정부의 재정 긴축과 연관되어 있기도 하지만 2014년 스코틀랜드 독립에 관한 주민투표 직후 더 많은 권한을 스코틀랜드 정부로 이양한 것에 대한 잉글랜드 지역의 불만을 달래려는 정치적 의도와도 맞닿아 있다. 파이크(Pike et al., 2016)는 도시권 협상으로 대표되는 영국 광역화의 최근 움직임은 명확하지 않은 원칙, 지리적 경계의 복잡성, 협상(deals)에 기반한 중앙과 지자체 간 의사결정, 공공부문의 구조조정 및 재정지출 감축 등의 맥락에서 이루어지고 있다고 비판하였다. 특히 보수당의 신자유주의적인 긴축 의제는 재정지출의 삭감과 동시에 권한을 로컬 수준으로 이양하는 것을 겨냥하고 있다.

이러한 구조적인 제약 속에서 도시권 규모의 분권화가 중앙에 의해 하향식으로 추진되는 것은 사실이다. 그러나 일부 지자체는 이러한 움직임에 적극적으로 대응했다. 기존 대도시 지자체의 지도자들은 기능지역으로서 대도시가 경제성장에 적합하다는 논리를 적극적으로 수용하기 시작했다. 특히 런던 외의 대도시들은 'Core Cities Network'로 조직화하여 경제 및 분권의 기회들을 활용하려는 집단적인 노력을 추구했다(Core Cities, 2015). 이는 지자체가 단순히 로컬 서비스의 전달을 넘어서서 민관 파트너십을 통해 지역의 경제성장을 위해 지역의 자산과 자원들을 동원하고 사용하겠다는 것을 시사한다.

2. 광역화의 전개 과정

1979년 보수당 정부가 집권하고 나서 대처 총리는 런던과 같은 대도시권을 로컬 수준의 단일 계층으로 만들어 사실상 광역 런던 시장의 정치적 견제를 없애버렸다. 양당 체제인 영국에서 노동당은 주로 북부 지역과 대도시권을 중심으로 지지 기반이 결집하고, 반면 보수당은 부유한 남부 지역 및 농촌 지역 중심으로 지지 기반이 견고하다. 대처 집권 이전 광역 런던은 GLC(Greater London Council)로 지칭되며 노동당의 아성으로 급진적 정책을 시행하여 '런던 코뮌'이란 별칭이 붙어 있었다. 이를 의식하여 대처는 행정구역 개편을 단행한 것이다. 2010년대 이후 대도시권을 중심으로 이루어지고 있는 광역화는 사실상 1970년대 행정구역 체계로 되돌아가려는 것이다. 최근 우리나라의 초광역 논의도 대략 1970년대와 1980년대 초반의 행정구역 체계로 되돌아가는 것으로 볼 수 있다.

1997년 노동당 정부가 집권하자 대처 이전으로 행정구역 체계를 되돌리는 정치적 노력이 나타났다. 이는 스코틀랜드, 웨일스, 북아일랜드에서 자치를 광범위하게 허용하고, 잉글랜드에서 도시 중심지와 주변 배후 지역을 아우르는 광역(regional) 정부를 출범하려 시도했다. 전자는 성공하였으나 후자는 2004년 이후 주민투표의 부결로 이루어지지 않았다. 하지만 잉글랜드에서 런던 시장을 선거에서 직접 선출하는 GLA(Greater London Authority)라고 일컬어지는 광역 런던시가 2000년 복원되었는데, 이는 전술한 GLC가 1986년 폐지된 이후 14년 만의 일이다. 이는 주로 교통, 경제개발 및 전략적 계획, 소방·구조 및 치안 등의 업무를 담당한다.

런던의 행정구역은 1889년 런던카운티 의회(London County Council), 1965년 GLC(Greater London Council), 2000년 GLA(Greater London Authority)의 복원 등으로 이어지면서 현재 광역권 단위로 조직되어 있다. GLA의 출범으로 영국 최초로 대도시 시장이 직접 선출되고 시장 권한을 견제하기 위한 의회도 설립되었다(Lupton et al., 2018).

신노동당 정부는 광역 정부를 런던 외의 잉글랜드 지역에서 출범하기 위해 중앙정부의 지역별 행정기관들을 통합한 지역청(Regional Governent Offices), 지역의 경제개발과 전략적 계획을 담당하는 민관합동의 지역발전기구(Regional Development Agencies), 지역 의회(Regional Assembly) 등을 설립하여 운영한 바 있다. 이러한 광역화 기획은 지역 간 경제적 격차 해소, 광역 단위의 민의 전달 도모, EU 차원의 지역주의(regionalism)에 대응하는 조치 등에 기인하고, 또한 이면에는 노동당 정권의 지지 기반을 다지려는 의도도 있었다. 하지만 전술한 바와 같이 이러한 런던시의 광역화 성공에 힘입어 2000년대 초반 신노동당 정부는 런던 외의 지역에서 이러한 광역화 계획을 세우고 이를 실행에 옮기려고 잉글랜드의 주민투표에 부쳤지만 실패했다(〈표 1〉 참조).

광역화 시도가 무산되자 신노동당 정부는 2006년 이후 기능 지역 중심의 도시권 광역화를 내세웠다. 이는 도시권 규모에서 1974년 설립됐으나 1986년 GLC와 함께 폐지된 MCC(Metropolitan County Council) 상태로 되돌아가는 안이다. 이를 실현하기 위해 MAA(Multi-Area Agreements)가 제시되었다. 이는 인접 지자체와 중앙정부 간의 자발적인 협약으로, 행정구역을 넘어선 협력을 촉진하고 집합적인 목표와 성과지표에 기반한 예산 편성을 의도한 것이었다. MAA 지역은 고용, 기술, 주택 및 인프라, 기업 등 경제발전계획을 지원하기 위해 중앙정부로부터 일정한 권한의 유연성을 가질 수 있었다(Russell, 2010). 2008년과 2010년 사이에 15개의 MAA[3]가 승인되었지만 이는 단기적

---

3 이는 Greater Manchester, Leeds City Region, Birmingham, Coventry and the Black

이고 임시적인 것에 불과했다.

〈표 3-1〉 도시권 중심의 분권화 전개 과정

시기	내용
1965~1986	GLC(Greater London Council) 운영
1974~1986	MCC(Metropolitan County Council) 운영(예: Birmingham, Leeds, Liverpool, Manchester, Newcastle · Sunderland, Sheffield)
2000	GLA(Greater London Authority) 설립 및 런던 시장 선출
2008~2010	MAA(Multi-Area Agreements) 설립
2009	CA(Combined Authorities) 설립을 위한 법제화
2011	최초의 CA 설립(예: Greater Manchester)
2012	1차 도시권 협상(City Deals)
2013	2차 도시권 협상
2014	1차 분권화 협상(예: Greater Manchester)
2015~2018	2차 분권화 협상(예: 기타 도시권, GM과 런던의 권한 확대)
2016	'Cities and Local Government Devolution Act' 제정
2017	런던 이외에서 최초의 대도시권 시장 선출(예: Greater Manchester, West Midlands, West of England, Tees Valley, Liverpool City Region, and Cambridgeshire and Peterborough)
2018	Sheffield City Region 시장 선출

출처: Lupton et al.(2018)에서 수정·보완.

신노동당 정부 말기 도시권 중심의 광역화 시도는 배후 농촌 지역을 포함하는 비대도시 지역의 광역화는 사실상 포기하고 대도시권에서 대처 집권 이전의 행정구역 체계로 되돌아가려는 기획이라 볼 수 있다. 도시권은 중심도시와 인근 배후지를 아우르는 런던 외의 버밍햄, 셰필드, 리즈, 로팅햄, 뉴캐슬 등 대도시를 겨냥하고 있으며, 이러

Country, South Yorkshire, Tyne and Wear, Liverpool City Region, Tees Valley and the West of England 등을 포함한다.

한 대도시는 경제적으로 부유한 런던과 남부 잉글랜드에 대한 길항력(counterveiling forces)을 가지면서 분권화에 가장 부합되는 공간 규모라는 것이다.

신노동당 정부는 2009년 「지방 민주주의: 경제 발전과 건설 법안」(Local Democracy, Economic Development and Construction Act)을 제정하여 웨스트요크셔(West Yorkshire)와 광역 맨체스터(Greater Manchester)를 법적 기구로서 도시권 정책의 시범 대상으로 선정했다. 후자는 1986년부터 정치적 입장의 차이에도 맨체스터와 인근의 지자체들로 구성된 AGMA(Association of Greater Manchester Authorities)를 의미한다. 이러한 신노동당 정부의 광역화 시도는 중앙정부의 재분배적인 공간 정책 대신 성장 지향의 경제정책을 반영한 것이며, 여전히 지역 단위의 자치와 유연성이 수용된다 하더라도 중앙정부의 하향식 접근에서 완전히 벗어난 정치적 기획이 아니었다.

보수당 집권 후에 2009년 제정된 「지방 민주주의: 경제 발전과 건설 법안」에 따라 공식적인 법적 기구로서 CA(Combined Authorities)가 설립될 수 있었으며, 이에 따라 2011년에 설립된 CA가 바로 GM(Greater Manchester)이다. 2010년 노동당-자유당 연정하에서 도시권 중심의 광역화, 즉 분권화는 가속화되었다. 연정은 2011년에 「로컬니즘 법안」(Localism Act)을 개정하여 런던 외의 8개 대도시로 구성된 Core Cities들이 경제성장을 촉진하고 독자적인 정책을 수립할 수 있는 권한을 부여했다. 이에 따라 1차로 2012년 도시권 협상이 8개 Core Cities와 이루어졌다.[4] 도시권 협상은 중앙정부와의 개별적 협상

---

4 이후에도 2차와 3차 도시권 협상이 지속해서 이루어져 2020년 현재 북아일랜드를 제

을 통해 각 도시권에 경제성장을 촉진하고 지원할 수 있는 권한을 부여하는 것이다. 이러한 협상이 의도한 것은 도시권에 경제성장을 추진하는 데 필요한 권한을 제공하고, 경제성장을 도모하는 프로젝트를 발굴하고 거버넌스를 재편하는 것이었다(Lupton et al., 2018).

도시권 협상은 CA의 설립으로 이어지고, 첫 번째 CA인 광역 맨체스터(Greater Manchester)는 더 많은 권한을 협상하기 위해 2014년 분권 협상(devolution deal)에 임했다. 따라서 런던 외의 대도시에서 도시권 중심 광역화의 대표 모델은 광역 맨체스터이다. 더욱이 중앙정부는 2015년 7월 시장직을 직접 선출하는 분권 협상에 호의적이었으며, 그 결과 이미 선출직 시장이 있는 런던을 포함하여 8개 대도시권에서 이러한 협상이 수용되었다. 대부분의 분권화 협상은 도시권을 대상으로 하고 있지만 예외적으로 2015년 콘월(Cornwall)과 이루어지기도 하였다(National Audit Office, 2016).

2016년 CA 시장이 직접 선출될 수 있는 조항을 「도시와 지방정부 분권법안」(Cities and Local Government Devolution Act)을 통해 마련했으며, 2017년 5월에 런던 외의 대도시에서 처음으로 광역 대도시권 시장이 선출되었다. 이 법안은 도시권의 역할을 경제발전과 교통에 한정하는 것이 아니라 이를 확대할 기회를 부여하고 있다. 가령 이 법을 근거로 중앙정부는 보조금 기반의 재정 모델에서 지방정부의 재정 유연성과 책임을 강화하는 방향으로의 재정 모델로 바꾸려 하고 있다(Lupton et al., 2018).

외한 잉글랜드, 웨일스. 스코틀랜드 등 3차 라운드에 걸쳐 36개의 도시권 협상이 체결되었다.

Ⅲ. 보수당 정부의 도시권 중심의 광역화 정책 추진

1. 도시권 협상

2010년 보수당 연정이 집권하면서 상황은 달라졌다. 그 무렵 글로벌 금융위기와 유럽 재정위기의 여파로 영국 정부는 재정 긴축을 강하게 내세웠다. 이를 반영하여 보수당 연정은 작은 정부와 큰 사회(Big Society)를 내세웠으며, 공공지출을 삭감하기 위해 로컬 단위로의 분권을 강화하였다. 그 결과 신노동당 정부 집권기에 설립했던 지역발전기구, 지역청, 지역의회 등이 폐지되었다. 스코틀랜드 영연방 독립에 관한 주민투표의 영향으로 잉글랜드 지역의 분권화 요구를 정치적으로 처리해야 하는 과제가 보수당 정부에 주어졌다.

2010년대 중반 보수당 정부가 단독 집권하면서 재정 긴축과 스코틀랜드의 주민투표의 정치적 파급효과로 인해 보수당 연정의 로컬 기반의 분권화가 가진 난점을 돌이켜보게 된다. 두 문제를 해결하기 위해 신노동당 정부에서 논의되던 대도시가 분권화의 적절한 공간 규모로 재차 호명된다. 이는 전술한 바와 같이 도시권 협상(City Deals)과 분권 협상(Devolution Deals)으로 구체화하였다.

2010년 5월 총선에서 노동당이 패배하고 보수당과 자유당 연립정부가 집권하였다. 이 연정은 광역 지역(reguon) 단위가 아니라 로컬 단위의 분권화(localist) 해법을 내놓았다. 이러한 로컬적인 사고는 2011년 「로컬니즘 법안」(Localism Act)에 반영되어 있다(DCLG, 2011). 이에 따르면 기존의 로컬 단위의 지자체가 주민 수요를 가장 잘 충족할 수 있다고 가정한다. 이러한 로컬주의적 해법은 기존 노동당의 광역 지역 단위의 해법을 부정하는 것이었다. 이에 따라 보수당 연정은 앞서 언급한 바와 같이 기존의 지역발전기구, 지역청 등 광역 지역 단위의 공적 기구들을 폐지했다. 하지만 로컬주의적인 분권화 시도는 오히려 중앙정부의 권한을 더욱더 강화해 재정지출 삭감의 빌미를 제공한 것으로 볼 수 있다(Pike et al., 2016). 즉 이러한 조치는 서비스 제공의 감축에 대한 책임을 중앙에서 로컬 수준으로 전가한 것이다. 소위 '큰 사회(Big Society)'라는 미명하에 지역 사회공동체로 권한을 이양(empowerment)하는 것은 시장 지향적인 공공서비스 개혁을 은폐하거나 소수의 새로운 민간 사업자들에게 시장 권력을 집중시키는 것과 다를 바 없다는 것이다.

2011년에 제정된 「로컬니즘 법안」에 따르면 중앙부처는 경제성장을 도모하기 위해 개별 도시에 권한과 책임을 이양할 수 있다. 이에 따른 도시권 협상은 중앙정부가 대도시에 권한과 책임성을 부여하는 과정이고, 상이한 도시에 따라 부여된 권한들의 조합은 상이한 비대칭적 분권화를 수반했다(National Audit Office, 2015). 보수당 연정은 로컬 기반의 분권화가 가진 난점을 발견하고서는 신노동당 정부에서 논의되던 대도시가 분권화의 적절한 공간 규모로 다시 호명된 것이다.

전술한 바와 같이 도시권 협상의 도입 배경은 영국의 경제 침체와 이에 따른 재정 긴축이다. 글로벌 금융위기 이후 영국의 경기 침체에 따른 긴축재정의 담론이 유포되고 인프라 및 지역발전에 대한 재정지원의 문제가 불거졌다. 이러한 문제를 타개하고자 정부는 새로운 유형의 자금조달 방식을 찾게 되었다(Kickert, 2012). 이러한 일환으로 정부는 '협상(deal-making)' 방식을 활용했다(Pike et al., 2013). 이는 중앙정부가 주도하는 성과 목표에 대한 일단의 지자체와의 합의와 이의 대가로 일단의 지자체가 중앙정부에 대한 전략적인 제안을 수반하는 것이다. 도시권 협상 정책은 지역개발과 인프라 개발에 대한 계획과 더불어 거버넌스 개혁안을 담고 있다. 도시권이 이를 효과적으로 수행할 수 있다고 보아 통상적으로 도시권 협상이라 한다. 특히 중앙정부는 긴축재정과 분권화 기조를 유지하면서도 일부 도시권에 대한 재정규율의 완화 조치가 이러한 기조와 상호 모순되지 않도록 노력하고 있다. 정부는 도시 간 경쟁을 고무하기 위해 도시권과 개별 협상을 선호하기 때문에 협상의 내용은 도시권별로 상이하여 비대칭적이다.

도시권 협상의 1차 라운드에는 Core Cities 그룹에 속하는 맨체스터, 버밍햄, 뉴캐슬 등을 포함한 8개 대도시이다. 이후에 2차와 3차 라운드의 도시권 협상이 진행되었다. 중앙정부와 개별 도시와의 협상이기 때문에 그 협상 내용은 상당히 신축적이다. 중앙부처가 이러한 협상을 통해 제공할 수 있는 것들은 다음과 같다(HM Government, 2011).

첫째, 도시권에 단일의 포괄보조금(single capital pot)을 제공하여 도시권이 경제적 투자의 우선순위를 정할 수 있는 권한을 부여한다. 둘째, 혁신적인 경제적 프로젝트를 지원하기 위해 추가적인 10억 파운드 규모의 지역성장기금(Regional Growth Fund)을 제공할 수 있다. 셋째, 도시권이 기업에 사업세(business rate)를 감면할 수 있는데, 이는 성장기금의 입찰을 통해 이에 대한 자금을 융통할 수 있다. 넷째, 지역의 주요 교통자금 지원을 이양함으로써 도시가 전략적인 교통에 관한 의사결정을 수행할 수 있다. 다섯째, 철도서비스에 관한 권한을 이양함으로써 도시가 철도서비스에 관한 통제를 높일 수 있다. 여섯째, 도시가 지역의 버스서비스에 관한 책임성을 강화할 수 있다. 일곱째, 도시가 도시재생 관련 권한과 자금을 신축적으로 사용할 수 있다.

전술한 바와 같이, 도시권 협상은 인프라 투자에 초점을 두고 이를 통해 지역의 경제성장을 도모하려 한다. 중앙정부는 최초로 광역 맨체스터와 이 협상을 맺었다. 영국에서 지자체의 인프라 요구 예산이 가용 예산의 약 20배를 넘어서기도 하면서 중앙정부와 지자체 간의 갈등이 빈번하게 발생하고 있다. 또한 개별 프로젝트별로 비용과 편익을 분석하고 이를 바탕으로 중앙정부에 로비하는 방식은 비용도 많이 들고 비효율적이라는 인식이 중앙정부와 지자체 사이에 있었다. 또한 재정지출의 제약하에서 교통 인프라 투자가 경제성장과 연관되어야 한다는 문제 제기가 있었다. 이에 따라 이러한 문제들을 해결하기 위한 대안적인 재정지원 방식과 인센티브가 요구되었다(KPMG, 2014).

도시권 협상을 도입한 직접적 계기는 교통성 예산 문제에 기인한다. 이와 관련하여 재무성이 교통성에 지역 차원에서 재정지출 지침을 마련하고 공개토록 요구했다. 하지만 이러한 요구는 교통 인프라가 여러 지역을 아우르는 것이기 때문에 지역정부가 없어 완전한 해결책이 되지 못했다. 이에 따라 시범 대상으로 광역 맨체스터가 선정된 것이다. 도시권 협상은 인프라 건설의 소요 재원과 전달체계를 포함하고 있는 새로운 도시(지역)개발 모델이기도 하다(KPMG, 2014). 무엇보다 이를 통해 일단의 지자체가 공동으로 지역의 경제성장과 연계될 수 있는 인프라 구축의 우선순위를 정할 수 있다.

요약하면 도시권 협상은 일단의 지방정부와 재무성 간에 지역발전 계획과 연계하여 중장기 인프라 투자와 재원 조달에 대해 일종의 협정을 맺는 것을 말한다(National Audit Office, 2015). 이는 '장기 롤링 투자'(rolling investment)를 통해 인프라 자금조달에 대한 지속가능한 해법을 제안하고 있다는 점에서 기존의 재정지출 방식과는 다르다. 따라서 지역의 경제성장을 위한 인프라의 우선순위 설정과 대규모 자금조달 방식을 통해 인프라 투자에 대한 불확실성을 해소할 수 있게 된 것이다.

도시권 협상 정책에 대한 평가는 장·단점을 수반한다. 장점으로는 먼저 중앙과 지자체 간에 상대적으로 개방적인 의사소통 채널이 제도화되어 중앙집권적인 국가에서 분권화가 통제된 형태로 나타났다는 것이다. 둘째로는 중앙과 지자체 간 협력을 수반하는 시책에서 지역의 입장을 투영할 수 있는 실제적인 수단이고 이들 간의 혁신을 고무한다는 것이다. 셋째는 도시권 협상은 중앙정부의 분권화 시도를 가능케하는 실용적인 정책 수단이라는 점이다.

반면 단점으로는 첫째로 중앙과 지자체 간 협상은 특별한 유형의 분권화라는 것이다. 둘째로는 협상 과정에 관한 책임성, 효과성, 투명성에 대한 의문이 제기된다는 것이다. 셋째는 협상에 따라 도시권별 재정지출이 지리적으로 차별적이고 과도한 도시 간 경쟁을 초래한다는 점이다. 넷째는 협상에 대한 시간상의 제약으로 이러한 분권화 모델의 효율성과 효과성에 대한 문제 제기가 발생하고 있다는 점이다. 다섯째로는 중앙정부의 재정 긴축이 우선시되고 증거 기반의 정책 접근이 강조되지만 여전히 정치적 의사결정이 중대한 역할을 하고 있다는 것이다(O'Brien, 2015).

2. 분권 협상

영국 정부는 도시권 협상에 기반하여 도시권이 새로운 행정구역인 연합지자체(Combined Authorities)로 출범하는 분권 협상을 진행해왔다. 이는 도시권이 법적인 공적 기구로 역할을 부여받는 것이며 주로 경제

개발, 교통 등의 기능들을 수행한다(House of Commons, 2015).

CA는 도시권에게 법적 권한을 부여한 것이다. 이는 도시권 협상을 통해 이미 합의된 분권의 기능들을 로컬 단위의 지자체들이 공동으로 조정하거나 수행할 수 있는 법적 기구이다. 이는 기존 지자체들을 아우르고 있으며, 새로운 시장이 선출될 수 있다. 시장 선출방식은 런던 시장의 경우와 동일한 방식이며, 2017년 최초의 선거가 7개 CA에서 이루어졌다. CA의 지리적 경계는 도시권 협상과 연동되는 경우가 대부분이라 도시권 단위가 주를 이루고 있다(National Audit Office, 2016).

분권 협상은 몇 차례 라운드를 거치면서 전개되었다. 2011년에 승인된 첫 번째 모델은 광역 맨체스터 도시권에 적용된 것으로 경제개발과 교통 업무 등을 담당하는 것이다. 두 번째 라운드는 2014년에 이루어진 것으로서 5개 지역(West Yorkshire, Sheffield, Liverpool, Tees Valley, and North East)이 CA를 만들었다. 이 당시에 광역 맨체스터 CA에도 추가적으로 법적인 공간개발계획을 입안하는 권한, 교통 예산에 대한 위임과 통합, 주택투자기금 배분 권한이 부여되었다(Colomb and Tomaney, 2016). 2015년 5월 총선 이후인 세 번째 라운드는 선거로 시장을 선출하는 것을 포함하여 대폭적인 CA의 권한 확대를 수반했다. 그러한 권한들은 경제개발, 재생, 주택, 교통, 숙련, 보건, 사회 돌봄, 아동서비스의 통합, 토지개발 및 계획, PCC(Police and Crime Commissioner) 업무 인계, 소방방재 서비스, 사업세(business rate) 초과분 활용 등을 포함한다(House of Commons, 2015b).

2016년에 제정된 「도시 및 지방정부 분권 법안」(Cities and Local Government Devolution Act)에 의거하여 쉐필드시티(Sheffield City), 노스이스트(North East), 티스밸리(Tees Valley), 리버풀(Liverpool), 웨스트미들

랜드(West Midlands) 등에서 정부와 협의하에 새로운 CA가 만들어졌다. 이 법은 도시뿐 아니라 농촌 지역도 포괄할 수 있도록 하고 있다. 다른 사례와 달리 광역 링컨셔(Greater Lincolnshire)와 이스트앵글리아(East Anglia)는 도시뿐 아니라 농촌 지역을 아우르고 있다.

앞서 언급한 것처럼, CA는 법적 지위를 가지는 런던과 같은 광역지자체이며, 시장이 선출될 수도 있고 그렇지 않을 수도 있다(Sandford, 2016b). 이와 관련된 법률은 2009년 제정된 「지방 민주주의: 경제발전 및 건설 법안」(Local Democracy, Economic Development and Construction Act 2009)과 2016년 제정된 「도시와 지방정부 분권법안」(Cities and Local Government Devolution Act 2016)이다. CA는 두 개 이상의 로컬 지자체 간에 설립될 수 있다. 최초의 CA는 광역 맨체스터이고 2011년에 설립됐으며, 그 이후 노스이스트(North East), 웨스트요크셔(West Yorkshire), 쉐필드(Sheffield), 리버풀(Liverpool)이 2014년에 만들어졌다(Sandford, 2016a). 2020년 3월 현재 12개의 분권 협상이 잉글랜드 지역에서 타결되었다.

요약하면, 도시권 협상은 복수의 지방정부들로 자율적으로 구성된 도시권과 재무성 간에 지역발전계획과 연계하여 중장기 인프라 투자와 재원 조달에 대해 일종의 협정을 맺은 것이다. 이는 지역개발과 인프라 개발에 대한 계획과 더불어 거버넌스 개혁안을 담고 있다. 정부는 도시 간 경쟁을 고무하기 위해 도시권과 개별 협상을 선호하여 협상 내용은 도시권별로 상이하여 비대칭적이다. 보수당 정부는 도시권 협상을 토대로 도시권이 연합지자체(Combined Authorities)로 출범하는 분권 협상을 진행해왔다. 이는 도시권이 법적 기구가 된다는 것을 의미하며, 주로 경제개발, 치안, 소방, 교통 등의 기능들을 수행한다. CA

는 광역 런던시를 벤치마킹한 것이며, 대도시권에서 새로운 행정구역 계층이 탄생한 것이어서 1970년대의 행정구역 체계로 돌아간 것이다. 그러나 CA별로 기능과 역할은 중앙정부와의 협상에 따라 상이하다.

도시권 중심의 최근 영국의 광역화는 저성장과 재정 긴축의 맥락에서 지역 간 균형 정책이 후퇴하고 성장 위주의 대도시 및 분권 정책의 강화를 시사한다. 이는 대도시를 중심으로 기존의 자원들을 동원하는 거버넌스를 구축하고 이를 통해 영국이 직면한 문제를 해결하려는 몸부림의 일환이다. 이는 '도시 예외주의'로 농촌 지역과 낙후 지역을 배려하지 않는, 즉 '지역정책의 쇠퇴와 도시정책 르네상스'로 이해할 수 있을 것이다. 이러한 문제가 제기되면서 최근 농촌 지역이 분권 협상에 포함될 수 있다. 그런데도 분권 협상의 주요 대상은 기능 지역에 기반한 대도시이다.

IV. 시사점

이제까지 2010년 보수당이 집권한 이후 영국의 광역화 움직임을 도시권 협상과 분권 협상 측면에서 살펴보고 논의하였다. 다음에서는 이를 통해 얻을 수 있는 몇 가지 시사점들을 도출한다.

1. 재정 긴축 하에서의 분권화의 함의: 맥락에 따라 분권화 효과는 차별적

최근 영국에서 일어나는 정책에 대한 맥락적인 이해가 필요하며,

이러한 이해 없이는 이를 우리나라에 적용할 수 없다는 것은 자명하다. 전술한 바와 같이 2008년 이후 글로벌 금융위기의 여파로 영국 정부는 긴축 기조를 유지하고 있으며, 이에 따라 도시 및 지역개발에 소요되는 자금조달의 문제에 직면해 있다. 또한 영국 정부는 스코틀랜드의 영연방 독립에 관한 주민투표의 영향으로 인해 잉글랜드 지역에 대한 분권화 요구를 적절히 처리해야 하는 상황이다. 이처럼 글로벌 금융위기와 연이은 유럽의 재정위기로 영국 정부가 재정 긴축을 사활이 걸린 이슈로 내세울 수밖에 없었다.

보수당은 작은 정부와 큰 사회라는 슬로건을 내세우면서 공공서비스가 민간이나 지방으로 이양되는 현상이 나타났으며, 중앙정부와 지자체가 상위 정치와 하위 정치의 기능을 각각 다룬다는 이중 정부 체제 담론이 무너지고 있다.

영국에서 분권화는 지역 간 균형보다는 재정규율의 강화를 위한 수단으로 둔갑하여 있다. 우리나라도 경제성장이 둔화하고 재정 여력이 힘들어지면 이와 같은 유형의 분권화가 단행될 수 있으며 이는 지역 간 경제적 격차를 더욱더 심화시킬 수 있는 것이다. 따라서 분권은 시기와 맥락에 따라 그 효과가 상이하며 만병통치약이 아니다.

2. 협상 방식의 활용: 지역 간 격차의 심화

도시권 협상은 중앙정부의 인프라에 대한 재정지원에서 혁신적 요소를 담고 있다. 프로젝트별 편익 분석과 이에 기반한 중앙정부에 대한 로비를 통해 관련 예산이 지방정부에게 배분되는 것은 많은 문제점을 안고 있다. 이처럼 공간계획과 관련하여 월경적인 현상을 가지는 인프라 조성계획과 관련하여 영국이 도입한 협상 방식은 우리에게도 주목할 만한 사례이다. 저성장과 중앙정부의 예산적인 제약으로 인해 지방이 요구하는 인프라 수요를 충족시킬 수 없는 상황이 나타나고 있다. 정치적인 로비와 지자체의 강력한 요청으로 인프라가 구축되었다 하더라도 수요에 못 미쳐 예산 낭비에 이르는 경우가 종종 발생한다. 지자체 간 협력의 부재로 인해 인프라 구축의 보완이 지체되고 있기도 하다.

지역의 인프라 투자에 대한 불확실성을 장기적인 롤링 투자 방식의 재정지원으로 해결하는 것은 무엇보다 중복 투자를 방지하고, 경제적 효과를 고려하는 우선순위를 정하고, 다른 지역과의 협의를 전제한다는 점에서 효율적이고 효과적인 것으로 볼 수 있다. 여기서 인프라 투자가 경제적 목표에 종속될 수 있다는 위험을 도외시해서는 안 된다.

하지만 협상 방식이 이러한 장점만을 가지고 있는 것이 아니다. 기능의 이전과 분담이라는 분권의 측면에서 보더라도 중앙정부와 일단의 지자체 간 협상으로 이루어지고 있어서 사례별·사안별로 상이하므로 추후 책임성과 정책 전달의 효율성과 효과성의 문제가 나타날 수도 있다. 협상 과정의 투명성 문제, 지리적으로 차별적인 협상 내용 등으로 인해 지방 행정체계의 복잡성이 증대되고, 시민의 민주적 책임성 요구에 부응하기 힘들 수도 있다. 이러한 문제는 결국 협상이 경제적인 목표보다는 시간상의 제약으로 정치적 해법으로 전락할 수도 있다.

최근 우리나라에서도 때때로 지역 협약이 수행되기도 하고 예타가 면제되기도 한다. 다년도의 예산 지원으로 정책의 불확실성을 해소하고 정치적 해법으로 지역 간 격차를 해소하려 하고 있다. 영국의 사례에서 보듯이 이러한 해법은 저성장과 그에 따른 재정 긴축과 직면하면 지속가능하지 않다. 따라서 지속가능하기 위해서는 중앙과 지자체 간에 대등한 파트너십의 입장에서 중장기적 관점에서 투자 협약을 고민할 필요가 있다.

3. 성장 위주의 '도시 예외주의' : 사회, 환경, 경제 가치의 조화 필요

영국에서 도시권이 기존의 로컬 단위의 행정구역 체계로 해결할 수 없는 광역적 이슈, 예를 들어 경제개발, 토지, 주택, 도로 등의 인프라 투자, 고용 문제 등을 해결할 수 있는 공간적 단위로 각광 받고 있다. 이는 무엇보다 런던 외의 지역에서 자원 동원의 어려움과 중앙정부 지원의 한계를 반영하고 있다. 이는 저성장의 맥락에서 영국 정부가 지역 정책에서 후퇴하고 있음을 의미한다. 또한 이는 도시를 중심으로 기존의 자원들을 동원하는 거버넌스를 구축하고 이를 통해 영국이 직면한 문제를 해결하려는 몸부림의 일환으로 볼 수 있다.

이를 한마디로 정리하면, 저성장과 경제성장의 둔화로 인해 성장을 도모하기 위해 대도시의 집적경제를 최대한 활용하여 경제성장의 동력으로 삼겠다는 것이 보수당 정부의 전략이다. 이는 대도시의 경제적 발전의 성과가 주변 지역으로 흘러내리는 낙수효과(trickle down effects)를 가정한다. 하지만 네트워크의 효과로 인해 심지어 중심지의 주변 배후지도 그러한 효과를 향유할 수 없을 수도 있다.

영국이 지금 수행하는 대도시 위주의 정책은 '도시 예외주의'로 농촌 지역과 낙후 지역을 배려하지 않는, 즉 '지역정책의 쇠퇴와 도시정책 르네상스'로 이해할 수 있을 것이다. 이러한 문제가 제기되면서 최근 농촌 지역이 분권 협상에 포함될 수 있다. 그런데도 분권 협상과 도시권 협상의 주요 대상은 기능 지역에 기반한 대도시이다. 그러나 영국이 직면한 남북 분단의 지역 간 격차의 문제, 그리고 대도시 중심의 성장전략이 가정하는 낙수효과를 기대하더라도 그 기대효과가 크지 않다는 점을 고려하면 이를 그대로 한국적 현실에 적용하기에는 문제가 있다.

경제적 가치 일변도의 지역 성장정책은 문제가 있다. 사회적 포용, 환경적인 지속가능성, 그리고 경제적 가치 등 3자가 상호 결합해야 하고, 도농 간의 연계와 협력이 일어나야 진정한 의미의 지역 간 격차가 완화될 수 있는 것이다. 영국처럼 저성장과 그에 따른 재정 긴축 국면에서는 사회적 가치와 환경적 가치가 경제적 가치에 의해 질식당하거나 왜곡될 수도 있다는 점을 반면교사로 삼을 필요가 있다.

| 참고문헌 |

정준호·이일영, 2017, "분권형 발전을 위한 지역연합 전략: 영국 사례의 검토와 한국에의 적용", 《동향과 전망》 107호, pp. 68-106.

정준호, 2019, 최근 영국 지역혁신 제도의 변화 및 시사점, 미발간원고,

정준호, 2020, "영국의 광역 연계정책 추진 동향과 시사점: 잉글랜드 지역을 중심으로", 국토연구원 제출원고.

정준호, 2021, "최근 영국의 도시권(city-region) 단위 광역화와 시사점", 《열린 정책》, 통권 9호, pp. 144-149.

Ayres, S., Flinders, M. and Sanford, M. (2017), "Territory, Power and Statecraft: Understanding English Devolution," *Regional Studies*, 52(6), pp. 853-864.

Bache, I., 2005, "Europeanization and Britain: Towards Multi-level Governance?," Paper prepared for the EUSA 9th Biennial Conference in Austin, Texas, March 31-April 2, 2005.

Baker, M. and Wong, C., 2015, "The English planning experiment: from strategic regional planning to 'localism'", Center for Urban Policy studies, Spatial Analysis and Policy Evaluation, Working Paper.

CLG, 2010, *Functional Economic Market Areas: An Economic Note*, London: HMSO.

Colomb, C. and Tomaney, J., 2016, "Territorial Politics, Devolution and Spatial Planning in the UK: Results, Prospects, Lessons," *Planning Practice and Research*, 31(1), pp. 1-22.

Core Cities, 2015, *Unlocking the Power of Place. Proposal to the 2015 Comprehensive Spending Review*, Manchester.

DCLG(Department for Communities and Local Government), 2011, *A Plain English Guide to the Localism Act*, London.

DLTR., 2002, *Your Region, Your Choice: Revitalizing the English Regions*, London: HMSO.

Findley, C., 2015, "Greater Manchester Spatial Framework: Housing Greater Manchester's Growing Population", 1, December, 2015, GMCA.

GMCA, 2014, *Greater Manchester City Deal*, Greater Manchester Combined Authority.

GMCA, 2016, *GM Spatial Framework*, GMCA.

GMCA and AGMA, 2014, "Greater Manchester Spatial Framework – Stage 1: Initial evidence on future growth", Consultation Document, September 2014.

Harding, A., Nevin, B., Gibb, K., Headlam, N., Hepburn, P., Leather, P. and McAllister, L., 2015, "Cities and public policy: a review paper", Future of cities working paper, Foresight, Government Office for Science, London: HMSO.

HM Government, 2007, *Planning For A Sustainable Future*, London: HMSO.

HM Government, 2010, *Local Growth: Realizing Every Potential*, CM 7961, London.

HM Government, 2011, *Unlocking Growth in Cities*, London.

HM Government, 2013, *Growth Deals: Initial Guidance for Local Enterprise Partnerships*, London.

HM Treasury, 2006, *Devolving Decision Making: 3 – Meeting the Regional Economic Challenge*: The Importance of Cities to Regional Growth, London.

HM Treasury, 2013, *Investing in Britain's Future*, CM 8669, London: The

Stationary Office.

HM Treasury, BERR and CLR, 2007, *Review of sub-national economic development and regeneration*, London: HMSO.

House of Commons, 2013, *Local Enterprise Partnerships*, Ninth Report of Session 2012 – 13.

House of Commons, 2015, "Combined Authorities," Briefing Paper Number 06649, London.

House of Commons, 2019, "Local Growth Deals," Briefing Paper Number 7120, London.

IFS, 2014, "Response to the 2014 Budget," London, Institute for Fiscal Studies.

Kickert, W., 2012, "State Responses to the Fiscal Crisis in Britain, Germany and the Netherlands," *Public Management Review*, 14(3), pp. 299-309.

KPMG, 2014, *Introducing UK City Deals: A Smart Approach to Supercharging Economic Growth and Productivity*, New South Wales, KPMG.

Lupton, R., Hughes, C., Peake-Jones, S. and Cooper, K., 2018, "City-region devolution in England," SPDO research paper 2, November 2018, LSE.

Martin, R., Gardiner, B. and Tyler, P., 2014, "The evolving economic performance of UK cities: city growth patterns 1981-2011. Future of Cities," Working Paper, London.

National Audit Office, 2012, *The Regional Growth Fund*, London

National Audit Office, 2015, *Devolving responsibilities to cities in England: Wave 1 City Deals*, HC 266, London.

National Audit Office, 2016, *English Devolution Deals*, London.

NLGN(New Local Government Network), 2000, *Is There a 'Missing*

Middle' in English Governance?, London.

O'Brien, P., 2015, "Austerity, Deal-making and the Search for New Local and Regional Development Investment in the UK", 《지역정책》 2(2), pp. 28-49.

O'Brien, P. and Pike, A., 2015, "City Deals, Decentralisation and the Governance of Local Infrastructure Funding and Financing in the UK", *National Institute Economic Review*, 233(1), pp. R14-R26.

Peel Group, 2016, *Economic Development Needs Assessment: Greater Manchester Spatial Framework: Strategic Options Consultation*, Turley.

Pike, A. and Tomaney, J., 2008, "The Government's Review of Sub-National Economic Development and Regeneration: Key Issues", Regional Insights, CURDS Working Paper, July, 2008.

Pike, A. and Tomaney, J., 2009, "The state and uneven development: The governance of economic development in England in the post-devolution UK," *Cambridge Journal of Regions, Economy and Society*, 2(1), pp. 13 – 34.

Pike, A., Kempton, L., Marlow, D., O'Brien, P., Tomaney, J., 2016, "Decentralisation: Issues, Principles and Practice," Newcastle.

Pike, A., Marlow, D., McCarthy, A., O'Brien, P. and Tomaney, J., 2013, "Local Institutions and Local Economic Growth: The State of the Local Enterprise Partnerships (LEPs) in England – A National Survey", SERC Discussion Paper No.150, London, Spatial Economics Research Centre.

Pike, A., Marlow, D., McCarthy, A., O'Brien, P. and Tomaney, J., 2015, "Local institutions and local economic development: the Local Enterprise Partnerships in England, 2010-," *Cambridge Journal of Regions, Economy and Society*, 8(2), 185 – 204.

Pugalis, L. and Bentley, G., 2013, "Economic development under the Coalition Government," *Local Economy*, 28(7-8), pp. 665 – 678.

Pugalis, L. and Townsend, A. R., 2012, "Spatial rescaling of economic planning: the English way", *SPATIUM International Review*, 27, pp. 1-7.

Robson, B. Barr, R. Lymperopoulou, K., Rees, J. and Coombes, M. (2006), *A framework for City-Regions: Working Paper 1 Mapping City-Regions*, London: Office of the Deputy Prime Minster.

Russell, H., 2010, *Research into Multi-Area Agreements: Long-Term Evaluation of LAAs and LSPs*, London: Communities and Local Government Publications.

Sandford, M., 2016a, "Combined Authorities", Briefing Paper No. 06649, House of Commons Library.

Sandford, M., 2016b, "Devolution to Local Government in England", Briefing Paper No. 07029, House of Commons Library.

Shaw, K. and Robinson, F., 2012, "From 'regionalism' to 'localism': opportunities and challenges for North East England," *Local Economy*, 27(3), pp. 232 – 250.

Shaw, K. and Tewdwr-Jones, M., 2017, "Disorganised Devolution": Reshaping Metropolitan Governance in England in a Period of Austerity, "*Raumforschung und Raumordnung*, 75(3), pp 211 – 224

Swain, C. and Baden, T., 2012, "Where next for strategic planning?," *Town and Country Planning*, 81(9), pp. 363 – 368.

Tewdwr-Jones, M. and McNeill, D., 2000, "The Politics of City-Region Planning and Governance: Reconciling the National, Regional and Urban in the Competing Voices of Institutional Restructuring," *European Urban and Regional Studies* 7(2), pp. 119 – 134.

Tomaney, J. and McCarthy, A., 2015, "The 'Manchester Model'", Town and Country Planning, May, 2015, Town and Country Planning Association, pp. 233-236.

제4장

프랑스 초광역권

원준호 한경대학교 인문융합공공인재학부 교수

윤광재 영남대학교 행정학과 교수

I. 지방분권·자치의 개요 및 초광역권 협력

1. 중앙집권의 전통과 지방분권법의 제정

중앙집권적 전통이 강한 프랑스는 1982년 3월 2일의 「시읍면, 도 및 지역의 권리와 자유에 관한 법(loi du 2 mars 1982 relative à la liberté et aux droits des communes, des départements et des régions)」의 제정을 비롯 하여 일련의 후속 법률들에 근거하여 지방분권화로의 개혁을 단행하 였다. 즉 2003년 3월 28일, 헌법 제1조에 "공화국의 조직은 지방분권 으로 한다(Son organisation est décentralisée)"라는 조문을 추가함으로써 그 대미를 장식하게 되었다.

오랜 기간 이어진 개혁은 상기한 법률명에서도 인지할 수 있는 바 와 같이 단지 지방분권화만을 지향한 것이 아니라 근본적으로 기초(시 읍면, 꼬뮌, commune) 단위, 중간(도, 데파르트망, département) 단위, 광역(지 역, 레지옹, région) 단위 간 자치사무 권한이 체계적으로 분할된 지방자치 구조를 정착시키는 일과 병행되었음을 의미하는 것이다. 이 과정에서 프랑스가 기존에 국가의 지방행정에 대한 통제 기능을 수행했던 이른바 도와 레지옹의 프레페(préfet: 국가가 파견한 공무원으로 국가를 대표하는 책임자)를 폐지하는 것이 아니었다.

주민 직선으로 구성된 각급 의회와 여기서 선출된, 자치단체장을 겸직하는 의회 의장이 자치행정을 책임지는 구조하에서 프레페는 더 이상 사전적인 행정통제자가 아니라 단지 자치행정을 위한 협력자이자 조정자로 개편함으로써 의회를 축으로 하는 분권화(decentralization)와 프레페를 축으로 하는 국가행정의 탈중앙화, 분산화(deconcentration)를 조화시킨 점은 높이 평가받아야 한다.

II. 레지옹 기반 초광역권

1. 광역행정 자치체로서의 레지옹

레지옹은 지방분권화 개혁을 통해 신설된 것이 아니라 그 전에 국가의 프레페청이 관할하는 광역행정 단위였던 것이 마찬가지로 광역행정을 담당하는 자치단체로 격상된 것이다. 레지옹의 광역 사무 권한에는 공간계획, 경제발전, 일자리, 직업교육훈련, 광역교통, 대학 진학 고등학교 등에 관한 사무가 속하고 있다. 따라서 프랑스의 경우 레지옹 단위에 속하는 도를 초월하는 광역 사무를 담당하는 기존 조직체를 광역화를 위한 기반으로 활용할 수 있었다.

특히 지방분권·자치 이후 광역화와 초광역화는 레지옹 의회와 레지옹 프레페 간의 거버넌스로 운영되는 구조를 갖추게 되었다. 레지옹 광역행정에서 프레페는 내무부에 속하는 국가 공무원으로 위로부터는 국가 또는 중앙부처들 간의 이해관계를 종합적으로 대변하고 지역의 특별지방행정기관의 사무를 조정할 수 있으며, 아래로부터는 시읍면, 도로부터 올라오는 도시계획 등을 반영한 레지옹 의회의 공간계획 등 광역 사무를 협의·조정하여 국가를 대신하여 프로그램 또는 프로젝트 단위로 계약을 체결할 수 있으며 자치행정이 체결한 계약에 따라 그리고 법규에 따라 시행되는지를 감독할 수 있는 권한을 가지고 있다.

2. 6개의 초광역권에 대한 실험적 구상

프랑스 정부는 이미 1997년 12월 15일 국토개발정책에 따라 전국을 광역권(grand ensemble interrégionaux)으로 재편하기로 결정하였는데, 지역의 행정적 구분을 초월한 광역권 형성은 지속적인 지방분권 정책의 발전과 유럽연합의 강화에 대응하는 것이었다. 그러나 지방의 반발을 의식해서 광역권의 형성이 레지옹과 데파르트망 등 여타 행정적 구성이나 조직을 제거하는 것은 아니라고 정확하게 명시하고 있었다.

이와 같은 배경하에 레지옹을 기반으로 하는 광역권 구상은 2000년 국가의 장기발전 구상에 따라 수도권 중심적 공간구조를 탈피하고 다핵 공간구조를 확립하는 차원에서, 전국을 6개의 초광역권으로 분류하는 실험적 구상을 제시하였다. 이는 '2020의 프랑스를 정비하자'(Aménager la France de 2020)라는 계획으로 구체화되었으나 그랑에스트(Grand Est)를 제외하고는 실현되지 못하였다.

<표 4-1> 6개의 초광역권 구상 시도

지역	관련 레지옹(또는 데파르트망)	인구(1999년)
Grand Est (동부)	로렌, 알자스, 프랑시-콩테, 부르고뉴, 샹파뉴-아르덴느 레지옹	811만 명(13.9%)
Grand Sud-Est (남동부)	론-알프스, 프로방스-알프스-코트다쥐르, 랑그독-루시용, 오베르뉴, 코르시카 레지옹	1402만 명(24%)
Grand Sud-Ouest(남서부)	아키텐느, 리무진, 미디피레네, 랑그독-루시용 레지옹	627만 명(10.7%)
Grand Ouest(서부)	브르타뉴, 페이드라르와르, 프와투-샤랑트 레지옹	777만 명(13.3%)
Pays du Nord (북부)	노르-파-드-칼래 레지옹	400만 명(6.8%)
Bassin parisien (수도권)	일-드-프랑스, 피카르디, 샹파뉴-아르덴느, 샹트르, 오트-노르망디, 바쓰-노르망디 레지옹, 사르트 및 이온느 데파르트망	2060만 명(35.2%)

출처: 배준구, 2008: 9.

Ⅱ. 레지옹 간 통합을 통한 초광역화

1. 레지옹의 광역화

해외를 제외한 본토 기준, 기존 프랑스의 행정구역은 사회복지, 보건, 도 단위 공간계획 등 중간 단위 자치사무 권한을 지닌 96개의 데파르트망을 22개의 레지옹하에 관할하는 구조였다. 그러나 2016년 기존 22개의 레지옹은 13개로 감소하는데, 비교적 규모가 큰 6개(Ile-de-France, Provence-Alpes Côte d'Azur, Pays de la Loire, Bretagne, Centre·Val de Loire, Corse)를 제외한 16개 레지옹은 2개 또는 3개씩 인접한 레지옹과 통합된 것이다.

이제, 프랑스에서 광역권의 협력은 레지옹 간의 통합을 통해 지역적 범위 내에서 활발하게 수행되는 것으로 자리를 잡아가고 있으며 현실적으로도 그 지역범위가 매우 넓은 것을 특징으로 하고 있다.

[그림 4-1] 레지옹의 통합 전과 통합 이후 상황

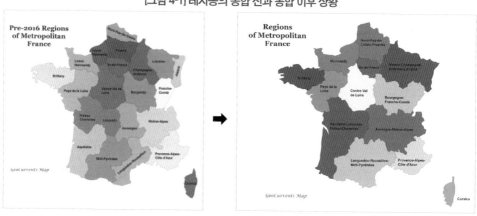

출처: https://www.geocurrents.info/geopolitics/.

아울러 레지옹 기반 광역화와 초광역화를 관리하는 기제로서 이전부터 계획계약 및 계획협약이 존재하고 있었다. 전자는 주로 국가와 레지옹 간 계획을 대상으로 체결되는 것이고 후자는 레지옹 간 또는 자치단체 간 계획이다. 이와 같은 기제는 종래의 권력적 수단이나 재정적 수단을 통한 통제에 의존했던, 명령 위주의 관리 방식을 파트너 간 계약이나 협약에 따른 권리와 의무 관계를 바탕으로 사업을 관리하는 방식으로 전환한 것으로 주목된다.

여기에는 다양한 광역권 협력 사례가 존재하고 있다. 예를 들어 1994년부터 1999년까지 국가와 수도인 파리를 중심으로 한 여러 레지옹들 간에 지역발전과 관련된 계획계약을 운영하였고 2006년에는 관련 레지옹들이 참여하여 레지옹간협력회(conférence interrégionale)를 설치하였다. 2009년부터 2010년까지는 노르망디(normande) 지역 두 개의 레지옹이 통합에 대한 새로운 논의를 위해 상당히 진전된 협력을 도모한 경우도 있었다.

2000년에는 유네스코 유산에 등록된 발드루와(Val de Loire) 지역 관광진흥을 위해 썽트르(Cerntre) 레지옹과 페이 드 루와(Pays de Loire) 레지옹 간 협력이 진행되었고 2004년 대학교 협력을 활성화하기 위해 그랑우에스트(Grand ouest) 지역과 그랑에스트(Grand est) 지역의 레지옹 간 파트너십이 구축되었다.

그리고 우주산업 관련 세계적 경쟁력을 확보하기 위해 아키텐(Aquitaine) 레지옹과 미디-피레네(Midi-Pyrénées) 레지옹이 2010년 이후부터 기술연구와 이전에 대한 공동의 프로젝트를 추진한 적도 있었다. 2008년에는 오베뉴(Auvergne), 부르고뉴(Bourgogne), 렁그독-루시용(Languedoc-Roussillon), 리무쟁(Limousin), 미디-피레네(Midi-Pyrénées), 론-알프(Rhône-Alpes) 레지옹 간에 있어 중앙산악지역(Massif central) 정비 정책을 위한 최초의 레지옹 간 공공이익그룹(Groupement d'intérêt public interrégional)이 창설되었다.

세계적 연극무용제인 아비뇽 페스티벌 기간 동안 "언제 레지옹이 통합되느냐(Quand les régions s'en mêlent...)...."라는 주제하에 현대무용 발전을 위해 렁그독-루시용(Languedoc-Roussillon), 프로방스-알프-꼬트다쥐르(Provence-Alpes-Côte d'Azur), 론-알프(Rhône-Alpes) 레지옹이 공동의 조치를 취하였다. 부르고뉴(Bourgogne), 프랑쉬-콩테(Franche-Comté) 레지옹은 여러 분야에서 협력을 구축하고 있었는데, 여기에는 영양-보건산업, 자동차산업, 대학병원 등의 분야였다.

또한 해외 마다가스카르(Madagascar)의 아트지나나나(Atsinanana) 레지옹과 유산목록 분야의 분산협력 활동을 위해 론-알프(Rhône-Alpes)와 바스-노르망디(Basse-Normandie) 레지옹 간의 파트너십이 구축되기도 하였다.

이와 같이 프랑스에서는 지역발전, 통합, 관광진흥, 대학교 협력, 우주산업 연구, 자연환경, 현대무용, 유산목록, 보건·자동차산업 등에서 협력을 도모하고 있다.

2. 중앙정부와 지방 간의 협력전략

프랑스에서는 오래전부터 국토전략과 지역개발을 위해 중앙정부 차원의 기구와 조직이 설치되어 운영되고 있었는데, 1963년 설치된 국토계획·지역활동단(Délégation à l'aménagement du territoire et à l'action régionale: DATAR)에 그 기원을 두고 있다. DATAR는 1963년에 신설되어 지역정책을 범부처 차원에서 연구·전망·입안·촉진·조정·평가를 하고 전국적 네트워크를 형성하고 있었다. 계획계약 실시 이후에는 중앙정부와 레지옹 간 계획계약을 관장하며 시행에 대한 평가보고서를 발간한다. DATAR는 총리 직속으로 설치된 후 명칭과 소속 부처가 수차례 변경되어 왔지만(배준구, 2018: 298) 그 명맥은 현재까지 이어져 오고 있다.

그 이후에 세부적인 정책 집행을 위해 국토평등단(Commissariat général à l'égalité des territoires: CGET), 국립디지털단(Agence du numérique), 국토계획·상업수공업지역재구조법인(Etablissement public d'aménagement et de restructuration des espaces commerciaux et artisanaux:,

EPARECA) 등이 설치되었다.

그러나 최근에는 위의 기구를 통합한 국립국토통합단(Agence nationale de la cohésion des territoires; ANCT)이 2019년 설치되어 2020년 1월부터 업무를 담당하고 있다. 기존의 기구들과 유사하게 지방발전계획의 개념, 정의, 실행에 있어 지방자치단체와 자치단체협력체에 자문을 하거나 지원하는 임무를 수행하고 있다. 또한 국립국토통합단은 지방자치단체의 발전계획에 대해 기술적 지원, 재정적 지원을 위한 창구 역할을 수행하고 있으며 도시정책과 국토정리정책에 대해 집행하고 디지털 전환, 생태계, 지역인구, 경제 전환, 국경협력 등에 대한 계획 관련 권한도 수행하고 있다. 특히 지역정책의 혁신과 시범사업 실시에 기여하고 있는 것으로 나타나고 있다.

구체적으로 국립국토통합단은 프랑스 전 지역을 대상으로 활동을 수행하고 있으며 지리적 특성에 따른 지역과 인구·경제·사회·환경적 어려움에 처한 지역, 공공서비스 접근이 어려운 지역을 주 대상으로 하고 있다. 그리고 최근에는 지역의 혁신적인 계획에 높은 관심을 가지고 있다.

3. 레지옹 간 협력을 위한 협의체 운영

지방 차원에서는 레지옹들이 자율적으로 참여·운영하는 레지옹간 협의체(entente interrégionale)가 존재하고 있다. 레지옹협의체는 일정한 지역에 기반한 레지옹 간 협력에 대한 공공법인(établissement public)의 형태를 가지고 있으며 레지옹의 결정에 의해 관련된 권한을 행사하게 된다. 다만 개별 레지옹의 프로그램과의 조화를 도모하여야 한다.

레지옹협의체에 있어 비례대표로 선출된 개별 레지옹의회의 대의원으로 구성된 위원회에서 운영하며 창립 결정에 따라 각 위원회 전체 위원수와 위원 배분이 결정된다. 그리고 위원회와는 달리 집행부를 담당하는 위원장이 선출되어 협의체 전체를 이끌어가는 역할을 수행하고 있다.

레지옹협의체는 위임된 권한행사에 있어 참여하는 레지옹을 대신하여 국가와 계획계약(contrat de plan) 등을 체결할 수 있으며 협의체는 기존 레지옹의 관련된 기관을 대체하여 권한행사가 가능하고 이와 같은 경우 관련된 기관은 완전히 해체되는 것이다.

레지옹협의체는 다른 협력체와 유사하게 완전한 재정적 자율권을 행사할 수 있으며 다양한 수입을 기초로 레지옹 간 합의된 권한을 행사할 수 있다. 첫째, 참여하는 레지옹의 예산분담금(contribution budgétaire), 둘째, 서비스 사용료(redevances), 셋째, 자산수익(revenu), 넷째, 협력기금(fonds de concours), 다섯째, 부채(emprunt), 여섯째, 부가가치세보상기금환급금(versements du fonds de compensation pour la taxe sur la valeur ajoutée)이다.

III. 레지옹 간 통합 사례

1. 그랑에스트 레지옹의 설치

위에서처럼 레지옹 간 합의된 권한행사를 기반으로 구성되는 레지옹협의체와는 달리 레지옹 간 행정 및 지역통합을 통해 그랑에스트

(Grand Est)[1] 라는 새로운 거대 레지옹이 설치되었다. 이는 그동안 중앙 정부가 지역적 통합을 통해 구상한 광역권 형성에 초점을 맞추어 지속적인 정책적 노력으로 나타난 것이다.

이를 위해 2015년 8월 7일「공화국새지방조직관련법(loi du 7 août 2015 portant nouvelle organisation territoriale de la République, dite loi: NOTRe)」이 공포되었다. 이 법은 기본적으로 지역의 발전에 있어 레지옹의 책임을 강조하고 있는 법으로 향후 경제발전에 있어 우선적인 역할을 부여하고 있다. 동시에 지방 차원의 지방조직과 재그룹화의 현대화 등을 도모하고 있다(윤광재, 2021: 85).

그랑에스트는 기존 22개의 레지옹이 13개 레지옹으로 통합되는 과정에서 생성된 레지옹으로 인구는 약 555만 명이고 면적은 57,441km² 이다. 그랑에스트 레지옹은 동쪽의 스트라스부르그(Strasbourg)에서 서쪽의 노정-쉬르-쎈(Nogent-sur-Seine)까지 연결되는 지역이고 인구는 프랑스 전체 인구의 8.4%에 해당되는 것이다. 지극히 유럽 지역인 그랑에스트 레지옹은 프랑스에서 유일하게 독일, 벨기에, 룩셈부르크, 스위스와 국경을 맞대고 있다. 또한 그랑에스트 지역 면적은 57,441km² 이고 한국의 국토면적은 106,205km²이므로 우리나라의 약 50%에 해당한다.

그랑에스트 레지옹은 기존 3개의 레지옹이 통합되고 현재는 9개의

---

1   그랑에스트 레지옹은 동쪽의 스트라스부르그(Strasbourg)에서 서쪽의 노정-쉬르-쎈 (Nogent-sur-Seine)까지 연결되는 지역이다. 인구는 약 555만 명으로 이는 프랑스 전체 인구의 8.4%에 해당되는 것이다. 지극히 유럽 지역인 그랑에스트 레지옹은 프랑스에서 유일하게 독일, 벨기에, 룩셈부르크, 스위스와 국경을 맞대고 있다(https:// fr.search.yahoo.com/search;_ylt).

데파르트망과 관계되어 있다. 기존 3개 레지옹은 로렌(Lorrain), 알자스(Alsace), 샹파뉴-아르덴느(Champagne-Ardenne)가 해당되고 현재는 아르덴(Ardennes), 오브(Aube), 알자스(Alsace), 오트-마른(Haute-Marne), 마른(Marne), 뫼흐트-에-모젤(Meurthe-et-Moselle), 므즈(Meuse), 모젤(Moselle), 보즈(Vosges) 데파르트망으로 구성되어 있다. 또한 그랑에스트 레지옹은 프랑스에서 가장 많은 꼬뮌 수를 가지고 있으며 2019년 1월 기준 5,121개로 이 중에서 인구 2,000명 이하가 91% 이상이다. 결국 지역의 80% 이상이 농업과 산림지역으로 구성되어 있는 특성도 가지고 있다.

다시 한번, 그랑에스트 레지옹은 기존의 3개 레지옹을 지리적으로 통합한 것이고 기존 3개의 레지옹이 행사하던 권한을 통합적으로 행사함으로써 광역행정을 도모하게 된 것이다. 이는 그랑에스트(Grand Est)는 레지옹으로 재창조되었지만 경제발전(développement économique), 청소년(jeunesse), 고등학교(lycée), 국제·국경관계(relations internationales et transfrontalières), 교통(transports et déplacements)에 대한 동일한 권한을 행사하고 있다(https://www.grandest.fr/).

구체적으로 그랑에스트 레지옹은 경제발전과 관련 지역 우선순위에 해당하는 고용이 기업의 경쟁력, 혁신 및 지원을 위한 강력한 정책이라 판단하고 있다. 이를 위해 2017년 발효된 경제개발·혁신·국제화를 위한 지역계획(Schéma régional de développement économique, d'innovation et d'internationalisation: SRDEII)은 성장과 경쟁력을 재확보하는 데 기여하고 있다.

위의 지역계획은 2004년 설치된 경제발전을 위한 지역계획(Schéma régional de développement économique: SRDE)에 그 기원을 두고 있으며

2015년 명칭이 변경되었다. 기본적으로 5년 동안의 경제 분야에 대한 레지옹의 전략적 방향성을 담고 있으며 레지옹 내의 모든 자치단체, 협력체와 협의를 거쳐 계획이 수립되어야 한다. 지역계획은 레지옹 의회를 통과하여야 하고 레지옹 차원의 프레페에게 송부되어야 하며 프레페령(arrêté)으로 승인하여야 한다.

그랑에스트 레지옹 지역은 탁월한 산업 지역으로 탁월한 자산(클러스터, 경쟁력 클러스터 등)을 소유하고 기업에 새로운 파트너십 기회를 제공함으로써 새로운 기회를 줄 수 있다고 한다. 이를 위해 그랑에스트 레지옹은 각 발전 단계에서 기업의 자본에 기여할 수 있는 최상지역펀드(Fonds souverain régional)를 창설하고 동시에 지방자치단체는 수공업자와 상공회의소와 함께 지역고용과 활동에 필요한 교육훈련을 실시하고 있다.

또한 그랑에스트 레지옹은 비교할 수 없는 성장과 순환경제의 지렛대인 사회·연대경제(Economie sociale et solidaire: ESS)를 지향한다. 그 결과 외국인 투자를 적극적으로 유치하고 이는 투자 프로젝트를 지향하는 레지옹 중에서 2위이며 2018년 기준으로 20억 유로에 해당하고 있다.

그랑에스트 레지옹은 고용에 있어 외국투자 영향이 가장 높은 제1지역이자 산업투자에 있어서는 제2지역이고, 2018년 기준으로 산업에 있어 가장 규모가 높은 외국투자 중 7개는 그랑에스트 레지옹에서 이루어지고 있다.

[그림 4-2] 그랑에스트 레지옹의 지역과 그 위치

출처: https://commons.wikimedia.org/wiki/File:Region_Grand_Est_Arrondissement_2017.png.

2. 그랑에스트 레지옹의 지역발전 계획

현재 그랑에스트 레지옹은 경제개발·혁신·국제화를 위한 지역계획에 따라 6개의 목표하에 26개 활동의 우선순위를 정해서 수행하고 있다. 구체적으로 6개의 목표로는 혁신 및 경제전환 추진, 경제금융 충격방지, 기업가정신·혁신고양, 전국 단위 활동 다양화, 지역네트워크 공권력 구축, 경제·혁신 신거버넌스 창조이다.

26개의 주요 활동으로는 기업4.0 실현을 위한 기업동행, 미래산업을 위한 지역계획 강화·확산, 미래수공업을 위한 지역계획 수립, 미래농가를 위한 지역계획 수립, 구조전략분야 지원, 지역계획상의 바이오

경제 동기 강화, 에너지전환시 재생에너지 생산·소비지원, 지역산업 생태계 지원·추진, 미래복합 운송수단 준비 및 혁신·지속가능 이동성 준비, 수공업협약 추진, 디지털 그랑에스트 추진(디지털산업 성장 지역계획), 기업발전에 적합한 지역기금 마련, 직접지원기업 발굴, 스타트업 기업 설립·발전·성장지원, 지역발전촉진 추진, 기업설립·인수 적극 지지, 혁신협조, 혁신생태계 구축, 혁신지역 경험(공공혁신주문·지역주민 혁신경험 구축), 그랑에스트 수출추진(수출증진 기업조치 동반), 지역유인 전략추진, 적극고용성장 협약추진, 그랑에스트 빅테이터 신설(그랑에스트 모니터링·결정지원), 지역경제발전 활동가 네트워크 추진 공공활동 재조직·조정, 경제발전기관 파트너십 지원, 신경제거버넌스·지역혁신 구축이다.

IV. 기타 지역 협력의 특성과 사례들

1. 협력의 특성

프랑스에서 지방자치단체 간 협력은 참여하는 단체가 각각의 행정관할 구역의 범위를 넘어서는 공공서비스를 제공함에 있어 지역주민들의 생활권을 중심으로 편리하게 공급될 수 있도록 공공협력의 노력을 실천하는 수단이다(배준구·안영훈, 2003: 288). 즉 지방자치단체 또는 협력체가 행사하는 권한은 반드시 지역의 공공이익(intérêt public)을 만족시켜야 한다는 것이다(De Villiers & De Berranger, 2017: 266; 윤광재, 2021: 78).

프랑스에는 꼬뮌의 수가 지나치게 많다보니 이들간 협력에 초점을 맞추고 있는 협력체도 중요하고 다양하다. 그러므로 이를 위해 가급적 다수의 지역, 보다 넓은 지역화를 지향하는 현실을 보여주고 있으며 여기에는 레지옹 간 통합도 있지만 일부 핵심 도시를 중심으로 수십 개의 꼬뮌이 협력하는 중심연합체(Métropole)의 형태도 존재하고 있다. 중심연합체는 2010년 12월 16일의 「지방자치단체개혁법(loi du 16 décembre 2010 de réforme des collectivités territoriales)」에 법적 근거를 두고 있다.

2. 협력의 사례들

1) 리옹중심연합체

리옹중심연합체(Métropole de Lyon)는 2015년 1월 1일 출범한 협력체로 프랑스 내에서 제3의 도시로 불리는 리옹(Lyon)이라는 핵심 도시를 중심으로 통합하여 출범한 것이다. 기존의 59개 꼬뮌이 통합된 것으로 140만 명의 지역주민을 포함하며 면적은 538km²로 확장되었다. 리옹중심연합체는 하나의 제도적 혁신으로서 행정의 복잡성에서 단순성으로의 변화를 도모하고 있는 것이며, 공공활동이 지역주민의 일상생활과 지역에서 보다 효율적이고 신속하고 일관성 있게 이루어지도록 하는 것이다.

이제부터 리옹중심연합체는 기존의 도시연합체(communauté urbaine), 론데파르트망(département du Rhône), 꼬뮌이 수행하던 모든 권한을 행사하게 된 것이며 이와 같은 협력은 세계경제에 있어 리옹시의 위상을 강화하는 것이며 연구, 지역 관련 프로젝트를 발전시키는 것이고 지역을 더 안정적으로 운영하는 것으로 제시되고 있다. 리옹중심 연합체는 10년 전부터 지속되어온 지역의 활동역량을 제고하는 것이며 공공활동의 효율성을 도모하고 공공활동을 보다 투명하게 하는 것이다. 또한 지역주민의 요구에 적절하게 대응하는 것을 가능하게 하고 지역의 도시계획과 사회적 권한의 조화를 도모하고 지역의 경제발전과 사회적 약자의 연계도 고려하고 있다.

리옹연합체의 핵심 권한은 경제개발(développement économique), 교육·문화·휴가(éducation, culture et loisirs), 지역연대(solidarités), 생활환경(cadre de vie), 주민생활(gestion au quotidien), 국제관계(relations internationales)이다.

2) 대(大)파리중심연합체

대파리중심연합체(Métropole du Grand Paris)는 2016년 1월 1일 설치되었고 기존 3개 데파르트망(Hauts-de-Seine, Seine-Saint-Denis, Val-de-Marne)의 123개의 꼬뮌과 에쏜(l'Essonne)과 발드와주(Val d'Oise) 데파르트망의 7개 꼬뮌이 합쳐진 것으로 720만 명의 지역주민과 관련되고 면적은 814km²에 이른다.

대파리중심연합체는 주택, 교통, 환경, 경제활동에 있어 핵심적 권한을 수행하며 세계적인 성장세에 있어 고용유지와 유럽사무실존 거점을 추구하고 있다. 또한 파리(Paris)라는 상징성으로 인해 경제, 사회, 문화 분야의 발전 및 계획을 도모하고 환경보호와 국제적인 경쟁력을 제고하고자 하는 것이다. 대파리중심연합체는 세계적 역동성과 지역적 역동성의 조화를 높이고 참여하는 꼬뮌의 전략적인 대화와 방향성을 도모하고 있다.

3) 엑스-마르세이유-프로방스중심연합체

엑스-마르세이유-프로방스중심연합체(Métropole d'Aix-marseille-provence)는 2016년 1월 1일 설치되었으며 마르세이유와 엑스-프로방스시를 중심으로 1개의 레지옹인 프로방스-알프스-꼬트다쥐르(Provence-Alpes-Côte d'Azur), 3개의 데파르트망인 부쉬-뒤-론(Bouches-du-Rhône), 바르(Var), 보크루즈(Vaucluse), 92개의 꼬뮌으로 구성되어 있다. 엑스-마르세이유-프로방스중심연합체는 총 188만 명의 지역주민과 연계되어 있으며 면적은 3,173km²에 해당되고, 경제발전, 환경보호, 도시계획, 도시·주거, 교통, 주민생활. 미래 대응을 위한 권한을 행사하고 있다.

V. 주요 시사점

1. 지역협력의 전통성 존재

프랑스에서는 지방자치단체 중에서 기초단체에 해당하는 시읍면인 꼬뮌의 수가 지나치게 많아 이를 통합하거나 협력을 도모하려는 역사적 전통성을 가지고 있다. 다만 통합보다는 협력을 추진하고 있는데, 이는 자치단체 간 통합은 지역정서나 지방의원의 반발이 존재하고 있기 때문이다. 그러므로 중앙정부에서는 수십 년 전부터 다양한 협력체 형태를 조성하고 자치단체가 자율적으로 참여할 수 있는 기반을 조성하고 있다. 그리고 이와 같은 협력체 형태도 사회변화에 따라 시대에 적합한 형태로 주기적으로 변화시켜주고 있다.

그러나 여전히 통합의 유효성은 존재하고 있기 때문에 이 또한 지속적으로 추진하고 있었다. 대표적인 사례가 1990년대 말 구상된 초광역권이 비로소 2016년 레지옹 간 통합이라는 결실을 맺고 있는 것이다. 기존의 22개 레지옹을 13개로 통합한 것이고 정권의 변화에도 불구하고 자크 시라크(Jacques Chirac), 니콜라 사르코지(Nicolas Sarkozy), 프랑수아 올랑드(François Hollande) 대통령에 이르기까지 일정한 방향성을 가지고 약 20년 동안 지속적으로 추진하였다.

2. 행정구역 통합을 통한 초광역권 구성 모델

프랑스의 레지옹 기반 광역권 사례는 자치단체 간 통합을 통한 초광역권 구성전략을 위해 매력적인 모델이다. 우리나라에 있어서도 광역 시·도 간 통합은 규모의 경제효과 제고와 행정 효율성의 제고라는 측면에서 그들 간의 협력보다 더 높은 광역화의 효과를 낳을 수 있다. 그러나 레지옹 의회의 구성을 통해 선출된 의회 의장이 자치단체장이 되어 레지옹 프레페의 협력과 조정을 수용하며 자치사무를 수행하는 구조를 고려할 때 제도 도입과 관련하여 다음과 같은 쟁점을 검토하여야 한다.

즉 프랑스의 경우 프레페 제도는 지방분권화 전에 있었던 것으로 그 후에는 지방자치에 상응하는 협력자이자 조정자로서 지역 이기주의를 제어하는 역할을 수행하고 있는 것에 비해 우리나라에 있어서는 그러한 제도가 신설되는 만큼 시·도 및 시·군·구에 그와 같은 역할을 하는 국가 공무원의 파견과 소관 행정조직의 설립(또는 설치)을 받아들일 수 있는지가 검토되어야 한다. 이는 결국 현행 지방의회와 자치단체장의 관계와 각각의 권한을 일정 부분 변경하는 일이 될 것이다.

3. 국가와 초광역권 간의 계획관리

프랑스의 레지옹 기반 광역권에서 프레페가 수행하는 계획관리 체계가 주는 시사점에도 주목할 필요가 있다. 꼬뮌과 도의 도시계획을 반영하는 레지옹의 공간계획 및 레지옹 간 지역개발계획을 국가의 거시 전략적 관점에서 조정하고 승인하는 방식의 계획관리는 광역화 차원에서 필수적이고 효과적이라 판단된다.

우리나라의 경우, 국무총리가 주재하는 국토정책위원회가 있어 광역의 국토계획을 수렴하며 국가의 종합적 국토계획을 심의·의결하지만, 그러한 계획 수립을 광역 현장에서 직접 조정하거나 결정된 계획의 집행을 관리하는 제도적 장치가 부재하다. 한계점을 시정하기 위해 프레페 제도의 도입을 전제하지 않는 경우라도, 그와 같은 계획관리의 역할을 초광역권에서 수행할 수 있도록 하는 방안은 마련될 필요가 있다.

| 참고문헌 |

배준구, 2008, 프랑스의 광역권 개발전략, 한국지역개발학회 학술대회, 3-28.

배준구, 2018, 프랑스의 국가와 지역 간 계획계약체계의 개편과 함의, 프랑스문화연구, 39: 285-310.

윤광재, 2021, 프랑스 지방자치단체 협력체의 기원과 특성에 관한 연구 - 꼬뮌을 중심으로 -, 지방행정연구, 35(2): 75-97.

최진혁, 2009, 「프랑스의 지방자치: 제도와 발전」, 박응격 외, 『지방행정 거버넌스』, 고양: 인간사랑.

https://fr.search.yahoo.com/search;_ylt(그랑에스트 지역, 검색일: 21년 7월 11일)

https://www.grandest.fr/(그랑에스트 레지옹, 검색일: 21년 7월 10일)

https://www.geocurrents.info/geopolitics/(레지옹지도 검색일, 21년 7월 14일)

https://commons.wikimedia.org/wiki/File:Region_Grand_Est_Arrondissement_2017.png(그랑에스트지도, 검색일, 21년 7월 25일)

제5장

일본 초광역협력

김영롱 경기연구원 연구위원

I. 광역지방계획권역

일본은 메이지유신 시기에 폐번치현을 통해 도입된 도도부현(都道府県) 체제가 현재까지 이어져 1도(都, 도쿄도), 1도(道, 홋카이도), 2부(府, 오사카부, 교토부), 43현(県)의 47개 도도부현으로 구성되어 있다. 이를 개편하거나 통합하는 제안 중 제도적 연계 사례로 '8+2 광역지방계획권역'과 '광역지방계획협의회'가 추진 및 고려된 바 있다.

8+2 광역지방계획권역은 47개 도도부현을 8개의 광역권(동북권, 수도권, 북륙권, 중북권, 근기권, 중국권, 사국권, 구주권) + 홋카이도, 오키나와현으로 통합하는 안으로 한국의 5+2 광역경제권과 유사한 모델이다. 아울러 2005년 제정되어 기존의 「국토종합개발법」을 대체한 「국토형성계획법」에 근거하여 기존의 도도부현을 초월한 광역권별로 맞춤형 정책을 통해 자립적으로 발전하는 권역의 형성을 꾀하고 있다. 특히 광역지방계획의 수립 주체로 '광역지방계획협의회'에서 입안하여 국토교통 대신이 결정하는 의사결정구조를 가지고 있다. 예를 들어 도쿄도를 중심으로 한 '수도권광역지방계획협의회'의 경우 관할 특별행정기

관의 장 16명과 광역지자체의 장 12명에 지정도시 시장 5명, 기초지
자체 대표 2명, 경제단체 대표 1명까지도 포함한다.

8+2 광역지방계획권역의 2019년 기준 인구

수도권 4,428만 명, 근기권 2,053만 명, 중부권 1,701만 명, 구주권 1,280만 명,
동북권 1,089만 명, 중국권 728만 명, 홋카이드 525만 명, 사국권 372만 명, 북륙
권 295만 명, 오키나와 145만 명

[그림 5-1] 8+2 광역지방계획권역

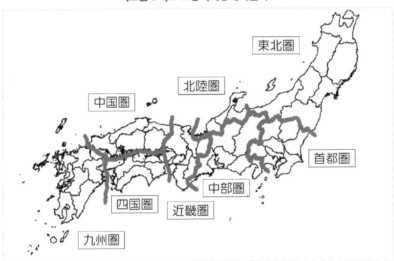

출처: 국토교통성(https://www.mlit.go.jp/common/001124817.pdf).

Ⅱ. 도주제

보다 개혁적인 행정구역 재편안으로는 홋카이도를 제외한 모든 도
부현을 적절한 규모의 주(州) 단위로 합병하는 도주제(道州制) 구상이

있다. 이미 1927년 행정제도심의회의 주청설치안에 따라 홋카이도를 제외한 전국을 6개 주로 나누는 방안이 제안되었을 정도로 오래도록 논의되고 있는 구상안이다. 지방분권을 전제하여 국가는 외교 및 방위 등 국가적 사무에 집중하고 내정은 도주와 시정촌이 수행하도록 하는 기본 구상에 토대를 두고 있다.

가장 최근에는 2014년 자민당의 도주제추진본부에서 '도주제추진 기본법(안)'을 제시하여 도쿄의 일극 집중을 시정하고 도주 및 시정촌 중심의 지방분권체제를 구축하고자 하였다. 2019년 6월에 결정된 '경제재정 운영과 개혁 기본방침 2019'에서는 "도주제에 관해서는 기본 법안의 동향을 살펴가면서, 필요한 검토를 진행한다"라는 표현으로 완곡하게 검토 필요성을 인정하고 있으나 본격적인 시행까지는 요원할 것으로 보인다. 근본적으로 중앙정부는 주에, 기존의 도도부현은 시정촌에 권한과 재원을 대폭 이양하는 구상으로 지방분권으로 인해 광역권 내에서 선택과 집중이 발생하여 오히려 지역격차가 심화될 것에 대한 우려가 있어 정촌 단위에서 반대하는 경향이 강하다.

III. 광역연합

자발적 연계 사례로는 교토, 오사카, 고베 권역의 2부 6현을 포함하는 '간사이 광역연합'이 대표적이다. 2010년 12월 설립 당시 교토부, 오사카부(2부), 시가현, 효고현, 와카야마현, 돗토리현, 도쿠시마현(5현)으로 시작하였으며, 이후 오사카시, 사카이시, 교토시, 고베시, 나라현이 추가로 가입하였다. 즉 교토시, 오사카시, 고베시, 사카이시 4개의 대도시를 중심으로 2부(府)는 오사카부와 교토부, 6현(縣)은 효고현, 도쿠시마현, 시가현, 와카야마현, 돗토리현, 나라현이 포함하는 2부 6현 4정령시의 광역연합 형태가 완성되었다(김예성·하혜영, 2021). 간사이 광역연합에 속하는 지방자치단체의 총 인구는 2020년 1월 기준 2천만 명을 상회하며, 인구 및 경제규모에 있어 세계 10위권의 메가시티로 손꼽힌다.

간사이 광역연합의 설립 목적은 크게 세 가지인데, 첫째로 수도권 일극 집중의 한계를 극복하는 지방분권형 지역사회를 실현하는 것이며, 둘째로 광역행정을 담당하는 책임 주체를 구축하고, 셋째로 각 지역에 국가 차원에서 설립된 특별지방행정기관으로부터 사무를 이양하는 것이다(조성호, 2019, p. 91). 행정조직으로 광역연합위원회, 광역연합의회, 사무국을 두고 있다. 그중 실질적인 사무 처리 및 사업 추진을 담당하는 '광역연합 사무국'은 2021년 4월 현재 557명의 인원으로 구성되어 있으며, (1) 방재, (2) 관광·문화·스포츠 진흥, (3) 산업진흥, (4) 의료, (5) 환경보전, (6) 자격시험·면허, (7) 직원연수 등 7개 분야에서 광역 차원의 업무를 관장하고 있다.

특히 간사이 광역연합은 도쿄를 중심으로 한 수도권에 이은 일본의 제2광역 경제권의 연합이라는 면에서 한국의 부산·울산·경남 통합안과 유사한 성격을 지니고 있어 시사점과 교훈을 얻을 수 있다. 간사이 광역연합을 구성하는 자치단체 간에 노하우가 공유되면서 보다 질 높은 정책을 시행할 수 있었을 뿐 아니라 이 지역을 기반으로 하는 경제단체와 기업들 간의 연계성이 높아졌다는 평가가 있다. 보다 구체적으로는 호쿠리쿠 신칸센 등의 인프라를 정비하고, 월드마스터스게임 2021 및 2025 오사카·간사이 엑스포(등록박람회)를 유치하는 등의 성과를 달성하기도 하였다(금성근·이정석, 2019). 그러나 간사이 광역연합 이후 일본에서 이와 유사한 형태의 광역지자체 간 연합이 등장하지 않는다는 점에서 그 지속가능성과 타 지역에의 적용 가능성에 대해서는 의문이 제기되는 측면도 있다.

[그림 5-2] 간사이 광역연합

출처: 간사이광역연합 (https://www.kouiki-kansai.jp/).

Ⅳ. 연계중추도시권

일본은 저출산 및 고령화로 인한 인구 감소를 세계 어느 나라보다도 일찍부터 경험하고 있으며, '지방 소멸'이라는 용어를 통해 이로 인한 지역의 위기가 환기된 바 있다. 이에 대한 대응책으로 2014년 발표된 '국토 그랜드 디자인 2050 계획'에서는 개별 시정촌 단위 지역을 콤팩트화하고 시정촌 간 연대 네트워크를 강화하는 '콤팩트-네트워크 체계'를 구축하고자 하는 비전이 제시되었다. 콤팩트시티는 도야마 시와 아오모리시에서, 정주자립권은 미노카모시와 그 주변 지역에서 시도된 바 있다(권규상 외, 2018).

또한 도시권 차원에서 중심도시 육성과 함께 주변 지역과 중심도시와의 연계를 강화하는 '지방중추거점도시권(地方中枢拠点都市圏)' 전략이 추진되었다(변필성 외, 2016). 이후 등장한 '연계중추도시권(連携中枢都市圏)'은 콤팩트-네트워크 체계의 큰 개념 위에서 기존의 도시권 전략을 더욱 발전시켜 지자체 간에 구성한 연계 네트워크를 통해 특정 도시 기능을 유지하기 위해 필요한 인구를 서로 주고받도록 하는 구상이다. 보다 구체적으로는 거주유도구역, 도시기능유도구역, 도시기능증진시설을 설정하여 각 구역별로 거주 및 특정 도시 기능의 집중을 유도하는 전략이 포함되어 있다.

또한 중심도시를 정하고 그 주변의 시정촌을 정주자립권으로 설정하여 필요한 생활 기능을 권역 내에서 확보하고자 한다. 아울러 지자체 간에 연계가 행정구역 경계에 국한되지 않고 상호 연계 및 협약제도를 통해 추진하도록 지방자치법을 개정하기도 하였다(김재호, 2017). 이는 인구 감소 시대에 광역 내지 초광역협력사업이 필요함을 보여주는 사례로 한국에도 시사점을 제공한다.

[그림 5-3] 정주자립권 및 연계중추도시 현황

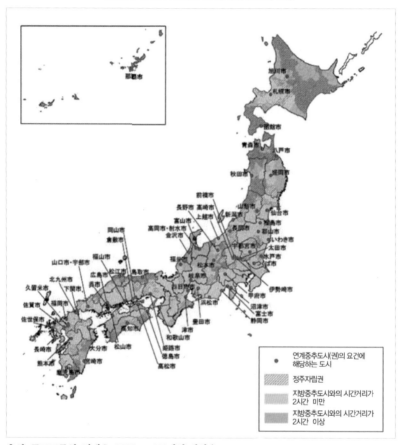

출처: 국토교통성, 김재호, 2017, p. 108에서 재인용.

| 참고문헌 |

권규상 외, 2018, 컴팩트-네트워크 도시의 실천방안과 추진과제, 국토연구원.

금성근·이정석, 2019, 부울경 광역권 형성 촉진방안-광역 거버넌스를 중심으로, 부산연구원.

김예성·하혜영, 2021, 지방자치단체 광역연합 추진 현황과 향후 과제, 이슈와 논점, 제1801호, 국회입법조사처.

김재호, 2017, 새로운 국토 공간구조 연계중추도시권 구축, 국토, 제431호, pp. 106~108.

변필성 외, 2016, 공공재원 투입 효율성과 주민복지를 위한 중심도시 육성방안 연구, 국토연구원.

조성호·문영훈, 2019, 수도권 광역행정청 설립방안, 경기연구원.

제6장

독일 초광역권

원준호 한경대학교 인문융합공공인재학부 교수

Ⅰ. 지방분권·자치의 개요와 초광역적 협력의 특징

1. 지방분권·자치의 개요

1) 독일 연방주의의 특징

독일은 16개의 주(州, Land)로 구성된 연방국가이다. 주 역시 국가에 준하는 지위를 가지고 자치권을 행사한다. 연방과 주의 관계는 두 가지 관점에서 묘사할 수 있다. 첫째로 대부분의 입법권은 연방이, 그리고 대부분의 집행권은 주가 담당한다. 둘째로, 주는 연방에 전속되어 있는 외교, 국방 등의 주권적 권한을 제외하고 문화 예술, 교육, 경찰, 지방자치단체의 자치행정에 관한 사무 등에서 전속적 권한을 행사한다(원준호, 2005).

연방정부 행정과 주정부 행정은 엄격히 분리되어 있어 이른바 혼합행정, 즉 연방의 행정청 산하에 주의 행정청을 두고 시행하는 행정이나 양자가 서로 동의를 구해서 시행하는 행정, 주에 속한 고유 사무 권한을 공동 기획하거나 공동 결정하여 처리하는 행정 등은 원칙적으로 금지되어 있다(Maurer, 2002: 569).

연방과 주는 주로 수행하는 기능에서 차이가 있고 또 권한이 분할되어 있는 것이다. 따라서 연방과 주는 상호 구별을 전제로 상호 협력을 해야만 한다. 주 내에서건 주들 간에서건 지방자치단체들의 초광역적 협력에 관한 사무 역시 연방과 주들 간 상호 협력을 통해 추진되어야 한다. 초광역적 협력과 관련된 공간(구조)정책을 놓고 볼 때, 연방은 공간질서(Raumordnung)에 관한 권한을, 주는 공간개발(Raumentwicklung)에 관한 권한을 행사하는 것이 기본적인 구조이다.

2) 주의 권한에 따른 지방자치

독일에서 지방자치는 주가 주법에 따라 제도적으로 보장하는, 국가로서의 주에 속하는 전속적 권한이다. 연방기본법은 "게마인데에게 지역 공동체의 모든 사안을 자체적인 책임으로 법률의 틀 속에서 규율하는 권한이 보장되어야만 한다. 또한 게마인데 연합들은 법으로 정해진 그들의 사무영역의 틀 내에서 법률의 기준에 따라 자치행정의 권한을 가진다"(GG §28 (2))라고 지방자치의 원칙을 규정하고 있다. 이는 게마인데 자치를 지방자치의 기본 단위로 삼고 있음을 의미한다. 그리고 게마인데 자치권은 게마인데들 간의 연합으로, 즉 직접적으로는 군(Landkreis)이 그에 해당하지만 그 외에도 다른 유형의 게마인데 연합으로 확장될 수 있는 것이다(Avenarius, 2002: 117-118).

지방자치의 기본 단위는 게마인데이다. 게마인데는 자치권을 보장받지만 그에 관한 규율체계가 정해지는 곳은 주이고 그 주체는 결국 주의 시민(유권자)인 것이다. 국가로서의 주, 또는 다르게 표현하여 국가성을 보유하는 주는 각각 자체적으로 주헌법에 지방자치의 원리와 방식을 명시하고 있고 게마인데 법령, 지방자치단체에 관한 법률, 지방자치단체의 협력에 관한 법률 등을 통해 지방자치를 제도적으로 보장하고 있다.

2. 초광역적 협력

1) 초광역권 지정

독일에는 11개의 초광역권이 있다. 즉 스투트가르트(Stuttgart), 쾰른 본(Koeln Bonn), 라인 루어(Rhein-Ruhr), 라인 넥카(Rhein-Neckar), 뉘른베르크(Nuernberg), 뮌헨(Muenchen), 중부독일(Mitteldeutschland), 함부르크(Hamburg), 프랑크푸르트라인마인(FrankfurtRheinMain), 북서부(Nordwest), 베를린 브란덴부르크(Berlin-Brandenburg)라는 명칭의 메가시티 광역권(Metropolregion)이 지정되어 운영되고 있다. 이는 2005년 각 주의 공간질서 소관 부처 장관들이 주관한 컨퍼런스에서 의결되면서 추진되었다.

여기서 두 가지 점을 언급할 필요가 있다. 첫째로 독일에서의 초광역권은 주 내 또는 주들 간 복수의 지방자치단체들이 여러 분야에서 지자체 경계를 넘어 초지역적으로 협력을 하기 위한 필요에 따른 것으로 주로 대도시권을 거점으로 설정되어 있다는 점이다. 한 주 전체 또는 두 주 전체를 포괄하는 광역권은 없다. 둘째로 이러한 초광역권 사업은 주정부 간 의결에 따라 주정부의 권한으로 추진한다는 점이다.

[그림 6-1] 독일 11개 메가시티 광역권

[그림 6-1] 독일 11개 메가시티 광역권

출처: Initiativkreis Europaeische Metropolregionen in Deutschland.

2) 주 간 통합 논의

통일 후 5개 신연방주(구동독 지역)가 편입되어 16개로 구성된 독일의 연방주는, 3개의 도시인 주를 제외하더라도, 면적과 인구 규모에서 격차가 있어 행정적 비효율성을 제거하고 초광역적 경제 및 생활권을 조성하는 취지로 주 간 통합의 필요성이 꾸준히 제기되어 왔다(이희연, 2009: 317). 베를린, 브레멘, 함부르크 등 3개의 도시인 주를 각각 에워

싸고 있는 주나 인접 주와 통합하는 안, 작은 규모의 주인 자아란트와 이를 둘러싸고 있는 라인란트팔츠를 통합하는 안, 통일 후 면적은 크지만 인구가 적은 신연방주를 인접한 주와 통합하는 안 등이 거론되었다. 그러나 베를린과 브란덴부르크를 통합하는 시도가 실패로 끝나면서 주 간 통합 논의는 사실상 중지되었고 통합보다 협력을 중시하는 기조를 보이고 있다.

3) 독일식 초광역적 협력의 특징

독일에서의 메가시티 광역권 조성은 그 목적과 취지가 초지역적 협력을 추진한다는 점, 그리고 이 과정에서 지방자치단체들 간 네트워크형 협력을 지향한다는 점에서 초광역적 전략에 해당한다. 하지만 메가시티 광역권은 인구밀집 공간인 대도시 그 권역을 중심에 두고 있는 특징이 있다. 다른 한편, 그러한 메가시티 광역권이 인접 지자체 영역으로 확장되는 것을 배제하는 것도 아니다.

독일에서의 초광역권 전략은 주마다 다양하게 운영하는 지방자치제도와 결합되어 마찬가지로 다양한 유형의 초광역적 협력을 추진하고 있다는 점에서 특징을 찾을 수 있다. 주별 또는 초광역권별 초광역적 협력에 접근하는 방식이나 운영조직이 다양하다. 법률적 근거를 갖추고 있는가 하면 자치단체들 간 협정에 의존하기도 한다.

다음에서는 주들 간 지자체들의 초광역적 협력, 주 내 지자체들 간 초광역적 협력, 그리고 게마인데들 간 연합(통합)을 통한 초광역적 협력을 보여주는 대표적인 사례를 살펴보고, 이로부터 우리나라의 초광역권 전략에 도움이 될 수 있는 유의미한 시사점을 도출하고자 한다.

II. 주들 간 지방자치단체들의 초광역적 협력

1. 북서부 브레멘-올덴부르크 초광역권 사례

1) 개요

주들 간 지자체들이 조성한 대표적인 초광역권 사례로 북서부 브레

[그림 6-2] 북서부 브레멘-올덴부르크 메가시티 광역권

출처: https://www.metropolregion-nordwest.de.

멘-올덴부르크 메가시티 광역권(Metropolregion Bremen-Oldenburg im Nordwest)을 꼽을 수 있다. 이 초광역권은 브레멘주와 니더적센주에 걸쳐 권역 내 지자체들의 경제, 과학, 정치 및 행정 분야의 협력을 이끌어낸다는 목적하에 2001년에 두 주 간, 그리고 각 주 소속의 자치단체들 간 체결된 두 개의 행정협정에 따라 결성되었다. 또한 이에 따라 설치된 북서부 브레멘-올덴부르크 메가시티협회(Verein Metropolregion Bremen-Oldenburg im Nordwesten e. V.)가 초광역적 협력을 관리하는 특징을 보이고 있다.

2) 행정협정을 통한 결성과 협회 정관을 통한 관리

이 초광역권의 특징은 주의 관련 법률 등의 법제를 마련하여 결성된 것이 아니라 양 주정부 간 협정과 양 주의 지자체들 간 협정에 근거하여 결성되었다는 점에 있다. 이는 한 주 내에서의 초광역권이 아니라 주들 간 초광역권 결성에서 선택할 수 있는 대안일 수 있는 것이다. 나아가 이 협정은 초광역권 가입 단체들로 협회(Verein)를 구성하고 정관(Satzung: 규약)을 정해 초광역적 협력을 관리할 수 있음을 규정하고 있는 점도 특징이다.

협회의 현 정관을 보면(2016년 2월 24일자), 초광역권의 회원 단체에서 특이점을 발견할 수 있다. 협정 체결의 당사자인 두 주정부와 각 주의 소속 독립시, 군 등 게마인데뿐 아니라 협정 체결에는 이르지 못했지만 창립 과정에 참여했던 지자체, 그리고 나아가 브레멘시, 브레머하펜시, 하노버시의 상공회의소도 회원 단체의 자격을 부여받고 있는 것이다.

요컨대 협회 회원에는 두 가지 주목할 점이 있다. 첫째로 주정부를 비롯하여 시, 군, 그리고 게마인데에 이르기까지 다양한 계층의 단체와 기관이 회원으로 참여한다는 것이다. 비록 주정부별, 지방자치단체별 협정은 별도 체결하였지만 상이한 계층의 행정단위가 협회 회원으로 참여하고 있는 것이다. 둘째, 나아가 주정부나 지자체만이 아니라 상공회의소와 같은 민간단체도 회원으로 참여할 수 있도록 한 점이다. 회원은 물론 탈퇴 가능하고 신규 회원 가입도 가능하다. 따라서 협회는 주정부와 지방자치단체가 참여하는 다층 구조이고 동시에 사적 행위자도 포함하는 민관 협력체로 이해할 수 있는 것이다. 그리고 이러한 조직의 성격은 협회라는 조직 유형이 잘 어울린다는 점도 확인할 수 있다.

협회의 정관이 규정하고 있는 북서부 브레멘-올덴부르크 초광역권의 목적은 다음과 같이 5가지로 분류되어 있다.

- 권역 내 주들 간 및 지방자치단체들 간, 그리고 경제와 과학 분야 행위자들 등 간의 네트워킹과 상호작용을 통해 권역 내 협력의 구조 개선과 개발.
- 잠재력, 역량, 현지 기반 특화된 공급 역량을 갖춘 국내 및 유럽의 경제권으로서의 프로필 확보.
- 권역 내 경제와 과학의 경쟁력 확보와 유지를 위한 방책의 지원과 제안·주창.
- 현존 메가시티 광역권 기능의 강화와 메가시티 프로젝트 및 북서부 프로젝트의 제안·주창.
- 권역 내 중요한 과제를 공동으로 해결하기 위한 노력과 실행.

이로부터 협회는 권역 내 기초생활 행정서비스의 협력을 목적으로 하기보다 경제와 과학 간 협력을 바탕으로 경제발전 및 지역개발을 위한 협력에 중점을 두고 있음을 알 수 있다.

2. 브레멘-니더작센 교통네트워크 목적조합 사례

브레멘-올덴부르크 초광역권과 별도로 결성되어 있는 브레멘-니더작센 교통네트워크 목적조합(Zweckverband Verkehrsverbund Bremen/Niedersachsen: VBN)에도 주목할 점이 있다. 이는 브레멘주의 브레멘시와 브레머하펜시, 니더작센주의 올덴부르크시와 델멘호아스트시, 그리고 그 외 6개의 군 등 총 10개의 지방자치단체가 회원으로 참여한 목적조합으로 1996년 결성되었다. 약 200만 인구와 9,400km²를 대상으로 지역 내 통합 교통서비스를 제공하는 데 목적이 있다

브레멘-니더작센 교통네트워크 목적조합은 초광역권이 조성되기 전에 이미 결성되어 운영되어온 지자체 간, 더욱이 두 주에 걸쳐 목적조합의 형태로 전개되어온 초광역적 협력의 한 사례라 할 수 있다. 이 목적조합은 조합원 외에 15개의 각급 지방자치단체를 협력 회원으로 두고 있기도 하다.

브레멘-니더작센 교통네트워크 목적조합은 광역 교통서비스를 제공하는 목적으로 설립된 공법상의 구역단체이기는 하다, 이 목적조합의 특징은 관리·운영에 있어 이중 구조를 취하고 있는 점에서 찾을 수 있다. 한편에서 이 목적조합은 지방자치단체들이 구성한 목적조합으로 56인의 지방자치단체 대표자들로 목적조합 총회(Verbandsversammlung: 2년 임기의 의장)를 구성한다. 다른 한편에서 이 목적조합은 교통운송회사가 참여하는 민관 협력체이기도 하다.

즉 31개의 교통운송회사와 DB Fernverkehr AG 등 3개의 협력업체가 서비스 제공에 참여하고 있고, 따라서 이들 협력업체는 교통수단을 보유하고 있으며 교통노선 등 망(16개 철도노선, 11개 전철노선, 브레멘 등 4대 도시의 시내버스노선, 379개 지역간 광역버스노선, 마을버스노선 등)을 운영하며 디지털 통합서비스를 제공하고 교통요금을 심의 결정하는 구조를 갖추고 있다. 따라서 이 목적조합은 상기한 교통운송회사들로 구성되는, 그리고 회원 회사의 대표 또는 임원 등 11인이 감독이사회를 구성하고 있는 VBN GmbH(유한회사)가 관리하는 형태를 취하고 있다(VBN, Mobility for Future - Nicht nur Fridays sondern 365 Tage im Jahr, Verbundbericht 2019/2020).

3. 브레멘-올덴부르크 초광역권과 브레멘-니더작센 교통네트워크 목적조합의 비교

주들 간 지방자치단체들의 초광역적 협력의 대표적인 사례로 브레멘-올덴부르크 초광역권과 브레멘-니더작센 교통네트워크 목적조합을 살펴본 결과 다음과 같은 몇 가지 특징을 발견할 수 있다.

첫째로 협회 유형으로 초광역권을 관리하는 한 모델을 도출할 수 있다. 다시 말해 주들 간의 초광역적 협력을 전제로 할 때 연방국가 독일에서 어느 한 주의 법적 규율체계를 적용하는 것은 불가능하고 또한 주정부와 게마인데 등 서로 상이한 계층의 행정단위가 참여해야 할 필요가 있다. 나아가 공적 행위자뿐 아니라 사적 행위자도 참여해야 할 필요가 있는 경우 협회 형태를 통해 초광역적 협력을 관리하는 것이 적합하다는 것이다.

〈표 6-1〉 브레멘-올덴부르크 메가시티 광역권과 브레멘-니더작센 교통네트워크 목적조합의 비교

구 분	목적 및 기능	운영조직 유형	참여 파트너	비고
북서부 브레멘-올덴부르크 메가시티 광역권	브레멘 주와 니더작센 주를 배경으로 북서부 지역 내 경제, 과학 등 협력을 통한 지역발전과 경제발전	협회(Verein)	주 간 및 자치단체 간 협정에 따른 15개의 주 및 자치단체(일부 협정 없이 참여)와 5개의 유관 상공회의소	민관파트너십 병행 다층 거버넌스
브레멘-니더작센 교통네트워크 목적조합	주 간, 도시 간 통합된 광역운송서비스 제공	목적조합: 조합관리 유한회사: 운송업 운영	시·군 등 10개 지자체와 운송업체	공적 목적조합과 사적 유한회사 혼합형

둘째로 광역 교통 서비스 제공이라는 수익성이 동반되는, 그리고 민간 운송교통회사의 참여가 요구되는 초광역적 협력에 있어서는 목적조합 유형을 적용할 수 있다는 점이다. 목적조합의 형태 역시 상이한 행정단위의 참여를 가능하게 하고, 더 나아가 사적 재원을 동원해야 하는 민간 행위자들의 참여는 물론이고 이들이 중요한 역할을 수행해야 하는 초광역적 협력을 추진하고 관리하기에 적합하다고 할 수 있기 때문이다.

Ⅲ. 주 내 지방자치단체들의 초광역적 협력: 프랑크푸르트라인마인 초광역권 사례

1. 초광역적 협력과 지역협회

프랑크푸르트라인마인 초광역권(Metropolregion Frankfurt/Rhein-Main)은 헤센주 내 지방정부들 간 기초생활서비스, 경제, 환경, 문화, 여가·스포츠 등 다양한 분야에서의 초지역적 협력을 촉진하기 위해 조성되었다. 이 초광역권은 주 법률(MetropolG)에 의해 뒷받침되고 있는데, 이는 이 초광역적 협력이 주 내에서 관할되고 있음을 의미하는 것이기도 하다. 또한 이 초광역권은 지역회의(의회에 준하는 회의체)와 지역이사회를 갖춘, 지역연합이나 지역조합으로 이해해도 무방한 지역협회(Regionalverband FrankfurtRheinMain)를 통해 운영되고 있는데, 이 점 역시 주목을 받을 만하다.

근거 법인 「프랑크푸르트라인마인 초광역권에 관한 법률」은 2011

년 제정되었고 2029년까지 유효하다. 법은 무엇보다 인구밀집 공간에서의 지자체들의 협력을 촉진함을 목적으로 하며, 다음과 같은 9개의 협력 분야를 예시하고 있다(MetropolG §1). 물론 모두 다해야 하는 것은 아니다.

- 초지역적 스포츠, 여가, 휴양 시설의 설치 운영
- 초지역적 문화 시설의 설치 운영
- 경제적 발전의 도시마케팅과 촉진
- 라인마인 지역 공원의 기획 설치 운영
- 지역 교통계획 및 교통관리
- 수요에 맞는 주택 건축 및 택지 조성
- 자원 절약하는 식수 및 용수 확보
- 에너지 및 기후보호 대책 수립과 개선
- 공동으로 디지털화 전략의 개발과 실행

인구밀집 공간의 지자체, 즉 사실상 초광역권 안에 들어가 있는 지자체를 명시적으로 지목하고 있는 것도 특이하다. 주도(州都)이기도 한 프랑크푸르트암마인과 오펜바흐암마인과 같은 군에 속하지 않는 독립시는 물론이고 인구밀집 지역에 속한 군, 그리고 군에 속한 시와 게마인데 등 모든 가입 지자체가 열거되어 있다. 이 점에서 이 초광역권은 대도시권을 배경으로 하고 있기는 하다. 그러나 가입된 지자체와 인접해 있는 지자체도 가입이 가능하기 때문에 인구밀집 지역에만 국한된 것은 아니다. 중요한 것은, 가입은 전적으로 지자체의 자율적 결정에 따른다는 점이고, 그에 따른 책임도 지자체의 몫이다.

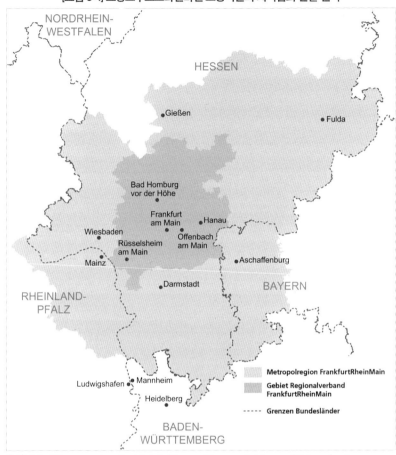

[그림 6-4] 프랑크푸르트라인마인 초광역권의 지역협회 관할 권역

출처: https://www.region-frankfurt.de/Unsere-Themen-Leistungen/Metropolregion.

[그림 6-4]에서 볼 수 있듯이, 법적 근거를 갖추고 운영되는 지역협회의 관할은 헤센주의 인구밀집 지역에 한정되어 있다. 하지만 지역협회 권역과 인접해 있는 인구밀집 지역 밖의 광범위한 지역이 초광역권으로 설정되어 있고, 그중에는 다른 주인 라인란트팔츠와 바이에른의 일부가 포함되어 있는 모습이다. 지역협회는 75개의 지자체로 구성되

어 있고 인구는 240만 명이다. 초광역권의 인구 규모는 580만 명에 달한다. 한편 주정부는 게마인데 등 지자체들 간 긴급히 협력해야 할 사안이 있는 경우 이를 의결하여 해당 지자체들에 협력을 주문할 수 있다. 그 후 1년이 지나더라도 성사되지 않은 경우 주정부는 이른바 '의무협회(Pflichtverband)' 결성을 통해 해당 지자체들 간 협력을 강제할 수 있다(MetropolG §5). 주정부는 게마인데 등 지자체의 자치권을 근본적으로 훼손하지는 않더라도 강제적으로 추진할 수 있는 근거를 마련하고 있는 것이다. 그만큼 헤센 주정부가 지자체들의 초지역적 협력을 중요하게 추진하고 있음을 알 수 있다.

초광역권에서의 지자체들 간 협력을 지속적으로 추진하기 위해 지역협회를 결성하여 운영하도록 하고 있다. 지역협회는 물론 초광역권의 회원 단체인 게마인데 등 지자체들로 구성되며 공법상의 법인이고 직무체계를 갖추고 직무명령권을 행사하는 행정청이다(MetropolG §7). 지역협회의 지도부라 할 수 있는 지역이사회가 있고, 지역이사회는 지역회의에 책임을 진다.

2. 지역협회, 지역회의, 지역이사회의 과업

지역회의와 지역이사회의 구성과 운영에 대해 알아보기 전에 이들의 과업을 먼저 확인하도록 하자. 먼저 지역협회의 과업은 초광역권 내에서 토지이용계획을 세우거나 변경하거나 종료시키는 것과 경관 및 자연을 보호하는 계획을 수립하거나 변경하는 것 등과 이와 연관된 것들이다(MetropolG §8). 전자는 연방건설법과 헤센주 토지계획법 등의 영향을 받고, 후자는 연방자연보호법 등의 영향을 받는다. 지역협회에 부여된 과업은 사실상 이른바 계획협회(Planverband: 계획조합)의 미션을 수행하는 것이다.

〈표 6-2〉 지역협회, 지역회의, 지역이사회의 과업 구분(MetropolG에 근거하여 작성)

구 분	지역회의 (Regionalkammer)	지역이사회 (Regionalverstand)
지역회의와 지역이사회의 과업	- 토지 및 경관 계획의 결정 - 조례 제·개정 - 지역회의 선거(선출) 관리 - 지역협회 행정 원칙 제시 - 예산 확정 및 투자계획 승인 - 게마인데법령에 따른 결정	- 주정부의 의무협회 결성 추진 시 제안 또는 입장이나 이의 제기 제출 - 회원 가입 제안 또는 동의 등 - 협회 공동 과업의 실행 시 원칙 제시 - 지역 발전 관련 지자체 컨퍼런스 시행 및 그 결과 평가 - 지자체간 협력에 관한 연간보고서 작성 및 출간, 배포 - 지역 공동의 이미지(브랜드) 작성 주도 - 인구밀집지역으로 영향을 미치는 인구밀집지역 외 지자체 간 협력에 참여 - 초광역권 사안을 처리하기 위해 역내 시, 게마인데, 군들의 담당기관 회의 소집
지역협회 (Regionalverband) 의 과업	- 토지이용계획의 수립, 변경, 종결 - 경관 및 자연보호 계획의 수립, 변경	

독일의 지방자치는 게마인데에게 도시계획을 수립할 수 있는 권한 뿐 아니라 결정하여 실행할 수 있는 권한을 부여하는 특징이 있다. 연방건설법전은 필요한 경우 또는 바람직한 경우 복수의 게마인데가 공동으로 토지이용계획을 수립하는 가능성을 명시하고 있다. 이에 따라 게마인데들은 각각의 조례에 근거하여 계획조합을 결성하여 계획 수립 등을 위임할 수 있는 것이다. 목적조합법 등의 주법이나 주의 다른

법의 관련 조항에 근거하여 처리하는 것도 가능하다(BGB §205 (1), (4), (6)). 따라서 지역협회는 그와 같은 계획조합을 상설 조직으로 발전시킨 것이라 할 수 있다.

지역협회가 수립한 계획 -사실 지역이사회가 책임지는 업무이지만- 을 결정하는 것은 물론 지역회의의 권한이다. 지역회의는 이 중 대한 과업 외에 조례를 제정, 변경, 종결할 수 있으며, 지역회의 내에서 벌어지는 선거(선출)를 준비해야 하며, 지역협회 행정이 따라야 하는 원칙을 제시할 수 있고, 예산을 확정하고 투자계획을 승인할 수 있으며 헤센주 게마인데법령에 따라 내려야 하는 결정 권한을 지닌다(MetropolG §10). 지역회의가 결정한 사안을 집행에 옮기는 일은 물론 지역협회, 다시 말해 지도부라 할 수 있는 지역이사회와 지역협회 행정조직의 주요 과업이다. 구체적으로 지역이사회에 부여되거나 위임된 과업은 〈표 6-2〉에서 볼 수 있듯이 광범위하다(MetropolG §15).

이상에서 확인할 수 있듯이, 지역협회를 통해 펼쳐지는 초광역권의 운영은 사실상 게마인데 등 지방자치단체의 자치행정이 초지역적으로 확장되는 것으로 이해할 수 있다.

3. 지역회의와 지역이사회의 구성

지역회의와 지역이사회의 과업 구별에서 알 수 있듯이, 초광역권 지역협회는 게마인데 자치 조직인 게마인데 의회와 게마인데 이사회와 유사하게 운영되는 모습이다. 헤센주 게마인데법령(HGO)에 따른 게마인데 자치의 규율체계가 지역협회에도 준용되고 있음을 쉽게 확인할 수 있다.

그러나 본질적으로 다른 점도 있다. 게마인데 의회 의원과 이사회 대표(이사장)가 시민 직선으로 선출되고 이사회 이사들은 의회에서 선출된다. 이에 비해 지역회의의 대표는 회원 단체에서 선발되어 파견되고 지역이사회 대표(이사장)를 비롯하여 이사들이 지역회의에서 선출된다. 이에 따라 게마인데 의회 의원이 유권자의 주문이나 지시로부터 독립적인 자유위임제의 원리를 따르는 데 비해 지역회의 대표는 자율적 판단을 할 수 없고 파견한 단체의 주문과 지시에 따라 결정하는 구속적(기속적) 대표제의 원리를 따른다는 차이도 있다.

〈표 6-3〉 프랑크푸르트라인마인 지역협회의 지역회의와 지역이사회의 구성

구 분	지역회의 (Regionalkammer)	지역이사회 (Regionalverstand)
구성	- 대표: 회원 단체에서 각 1인의 대표 파견(명예직) - 대표는 소속 단체 구성원 내에서 선발 - 대표를 대신하는 대리의 회의 참가도 가능 - 게마인데 장이 대표로 참여 가능	- 이사회 대표(이사장): 지역협회의 장으로 협회를 대표하고 협회 공무원과 직원의 직무 상관(본업직) - 1인의 수석 이사 및 약간의 이사(명예직)
장의 선출	- 의장: 지역회의 대표들 중에서 선출(임기 6년)	- 이사회 대표(이사장): 지역회의에서 선출(임기 6년)
지위와 성격	- 지역협회의 입법부 역할을 수행하나 지방의회는 아니며 회의체 성격	- 공법상의 법인으로 지역협회의 행정청

(MetropolG 근거하여 작성)

한편 게마인데에서 이사회 대표와 이사가 의회 의원을 겸할 수 없듯이 지역협회에서도 이사회 대표와 이사는 지역회의 대표를 겸할 수 없다. 게마인데 이사회에서 대표와 이사 간의 관계가 상하 관계가 아니라 동료 관계이고(kollegial), 대표의 결정 역시 단독으로 하는 것이

아니라 이사회 회의에서 내려져야 하듯이, 지역이사회에서 대표와 이사 간의 관계 역시 상하 관계는 아니다.

지역회의와 지역이사회가 유권자인 시민에 의해 구성되는 것이 아니라는 점에서 그것들은 분명 구역 단위 자치조직체라 할 수는 없다. 하지만 지역협회를 통한 초광역권 자치 역시 근본적으로는 기초 단위 지방자치가 초지역적으로 확장된 유형이라고 이해하는 데에 무리는 없을 것이다.

Ⅳ. 게마인데들 간 협력: 라인란트팔츠주 연합게마인데 사례

1. 기초 자치 단위로서의 게마인데와 게마인데들 간 협력

독일에서 게마인데와 게마인데들의 연합 모두 지방자치권이 실현되는 통로이다. 게마인데든 게마인데연합이든 공법상의 구역단체(Gebietskoeperschaft)라는 지위와 자격을 가진다. 게마인데연합에는 주로 군, 관구 등 중간 계층, 그리고 목적조합이 속한다. 이것들은 게마인데 위에서 게마인데 단위에서 할 수 없는, 게마인데 능력을 넘어서는, 게마인데 공간을 넘어 초지역적으로 제공되어야 할 필요가 있고 또 그것이 더 효율적인 사무들을 담당한다. 하지만 본질적으로 게마인데를 보충, 보완할 뿐 게마인데에 우선하지 않는다.

다른 한편, 하나의 게마인데를 구성하는 하나의 게마인데, 예를 들어 시 안의 구(區)나 그 외 게마인데의 마을과 같은 하부 단위도 있다. 이것들은 공법상의 구역단체가 아니며 독자적인 지방자치 권한도 가지고 있지 않다. 전형적인 게마인데연합은 군(Landkreis)이다. 동시에 군은 독자적인 구역단체이기도 하다. 모든 주에서는 아니지만 몇몇 주에서 있었고 아직도 존재하는, 군과 게마인데 중간에 있는 관구 등은 광역사무의 필요에 대응하는 방식이며 기타 지방자치단체로 분류된다.

게마인데들 간 또는 지방자치단체들 간 특정한 사무 영역에서 기능적 협력을 바탕으로 초지역적, 광역적 서비스를 제공하기 위해 결성하는 목적조합(Zweckverband)은 공법상 구역단체에 해당하지만 독자적인, 즉 역내 시민이 선거를 통해 구성하는 자치단체는 아니라는 점이 특별하다(Maurer, 2002: 597-603).

2. 라인란트팔츠주 연합게마인데

일반적인 군(Landkreis)과 차이가 있고, 또 앞에서 살펴본 브레멘-니더작센 목적조합과 다른 게마인데 결사체가 있는데, 라인란트팔츠에서는 이른바 연합게마인데(Verbandsgemeinde)로 지칭되는 것이 그것이다. 관내 모든 게마인데를 관할하는 군과 달리 연합게마인데는 같은 군 내 이웃하는 게마인데들로 구성된다. 연합게마인데는, 군에서와 같이, 연합게마인데에 속한 관내 시민들이 선거를 통해 구성되는데, 바로 이것이 목적조합과 다른 점이다.

라인란트팔츠의 게마인데법령(GemO)의 제3장은 연합게마인데에 대한 규율을 정하고 있다(§§64-73). 연합게마인데와 호칭을 구분하기 위해 이에 속한 게마인데는 현지게마인데(Ortsgemeinde)로 칭하고, 또한 연합게마인데의 장은 시장으로, 현지게마인데의 장은 현지시장

(Ortsbuergermeister)으로 칭한다. 시장은 명예직으로 현지시장직을 겸직할 수 있다.

연합게마인데의 고유 사무와 관련해 "현지게마인데를 대신하여" 담당하는 자치행정 사무로 다음의 사항들을 명시하고 있다(§67 (1) 1-7).

- 주 학교법이 위임한 사무
- 화재예방과 기술적 지원
- 중심지 스포츠, 놀이, 여가시설의 건설과 운영
- 초지역적 복지시설, 특히 고령자 돌봄을 위한 복지 체류소와 시설의 건설과 운영(다른 공익적 수행자가 하지 않는 한에서)
- 상수공급
- 하수처리
- 하천·홍수(Gewaesser) 관리[위탁 가능] 등

또한 연합게마인데는 지역게마인데의 고유 사무를 건드리지 않는 한에서 현지게마인데로부터 위임되었거나 국가로부터 위임된 사무를 담당한다.

이상에서 알 수 있듯이, 연합게마인데는 기존의 작은 게마인데들, 더 자세히 말해서 덜 효율적이고 행정력을 최대화하기 어려운 작고 이웃하는 게마인데들이 구역 개혁을 통해 기존 게마인데를 존속시키되 게마인데들의 행정서비스를 광역화하는 구역자치체인 것이다.

V. 시사점

지금까지 연방국가 독일에서 전개되고 있는 초광역적 협력에 대해 사례 중심으로 고찰하였다. 주들 간 지방자치단체들의 초광역적 협력을 알아보기 위해 선택한 브레멘-올덴부르크 초광역권과 브레멘-니더작센 교통네트워크 목적조합 사례에서는 협회와 목적조합을 통해 다양한 계층의 행정 행위자와 민간 행위자들이 참여하여 초광역적 협력을 추진하는 모델을 찾을 수 있었다.

또한 주 내 지방자치단체들의 초광역적 협력 사례인 프랑크푸르트 라인마인 초광역권에서는 주의 법률에 근거하여 안정적이고 조직적으로 운영되는 모델을 발견할 수 있었다. 지역회의와 지역이사회를 두고 운영하는 지역협회의 조직 구성과 운영이 주목할 만하다.

라인란트팔츠주의 연합게마인데 사례는 초광역적 협력과 거리가 있지만 게마인데 간 통합을 통해 행정적 비효율을 제거하며 광역 차원의 행정 서비스를 제공하는 사례로는 참조할 만한 가치가 있다. 더욱이 게마인데 자치라는 기초 자치의 원리를 훼손하지 않으면서 게마인데들 간 통합이라는 해법을 찾아가는 방식은 높이 평가되어야 할 것이다.

이렇게 얻은 점들을 염두에 두며, 연방국가인 독일과 단방국가인 한국의 차이에 구애받지 않으면서, 우리나라 초광역권 전략에 도움이 될 시사점을 도출하면 다음과 같다.

1. 자치단체 간 다양한 초광역권 전략 구사와
다양한 운영조직의 시도

　무엇보다 초광역권 전략을 다양한 차원에서 구사하는 유연성이 요구된다. 광역 내 기초 지자체들 간의 협력이나 통합, 그리고 광역 간 기초 지자체들 간의 협력에 있어 다양한 차원과 다양한 방식을 검토할 필요가 있다. 광역과 기초라는 상이한 행정단위의 참여가 불가피하고 바람직할 것인데 우리의 경우 광역지자체와 기초지자체가 위계적이지 않은 방식으로 초광역권 운영의 회원이 되는 것이 가능한지 점검하고 이것이 가능하도록 해야 할 필요가 있다.

　광역이나 기초 단위의 지자체들, 즉 공적 행위자들만이 초광역권을 추진하는 운영조직의 구성원이 될 이유는 없다. 민간 행위자 역시 동등한 자격으로 참여하는 것이 가능하고 그래야 할 필요가 있다. 더욱이 수익성이 동반되는 서비스나 민간 회사의 사적 재원을 동원하는 것이 유효한 협력의 경우 민관 협력체 조직으로 초광역권 전략을 운영하는 방안이 적실할 것이다. 요컨대 상하 행정단위 간, 그리고 민관 협력이 가능한 다층 거버넌스 유형, 더욱이 우리 실정에 맞는 유형을 창출하는 데에 노력을 기울여야 한다. 이와 관련하여 독일의 협회 유형이나 목적조합 유형을 참조할 가치가 있다.

　몇 개의 광역들을 하나의 초광역권으로 묶어 전국을 빈틈없이 초광역권으로 구획하는 것이 과연 왜 그래야 하는 것이고 또 유의미한 것인지 점검하고 초광역권 전략을 땅 중심이 아니라 프로젝트와 프로그램 중심으로 재설정하는 것이 바람직할 것이다. 초광역권 전략은 광역지자체의 전속적 관할권으로 구사되는 것이 되어서는 안 될 것이다.

2. 초광역적 협력의 촉진을 지원하는 법제

법률로 초광역권 전략을 규율하고 지원하는 체계도 개선할 필요가 크다. 확인한 바와 같이, 독일의 경우 주의 배타적 관할권으로 인해 주내 지방자치단체들의 초광역적 협력에 관해서만 법률적 근거를 마련하는 것이 가능하다. 보다 체계적이고 안정적으로 초광역권 전략을 구사하기 위해서는 우리의 경우도 또 하나의 자치 계층을 만드는 것은 아니면서 지역회의와 지역이사회를 갖춘 지역협회 방식으로 초광역권을 운영하도록 하는 안을 긍정적으로 검토할 수 있을 것이다.

이를 위해서는 기존 지방자치법 상 특별지방자치단체에 관한 사항들이나 광역 연합에 관한 사항들을 따로 떼어내 초광역권 추진을 위한 조직의 구성과 운영에 관한 사항들을 규율하는 특별법이나 개별법을 제정하여 그 근거를 마련할 필요가 있다.

법제를 정비함에 있어 법률이 모든 것을 규율하도록 할 필요는 없을 것이다. 그보다 광역과 기초 단위의 조례를 통해 현지 실정에 맞는 규율 및 지원 체계를 만들 수 있도록 많은 권한을 자치법규로 넘기는 것도 적실해 보인다. 이를 위해서는 상기한 개별법이나 특별법은 기본 이념을 비롯하여 목적이나 취지, 원칙이나 원리를 명시함과 더불어 최소한의 규율 체계만 정하는, 이를테면 대강(framework)만 정하고 상세한 규율과 지원에 관한 사항들은 조례에 위임하는 것이 바람직할 것이다.

| 참고문헌 |

원준호, 2005, 「독일 연방주의와 원리와 구조, 그리고 개혁」, 『분권과 개혁』, 서울: 오름, 205-228.

이기우, 2019, 「독일 지방정부」, 『비교지방정부론』, 고양: 대영문화사, 173-226.

이희연, 2009, 「영국·독일·일본의 정책동향과 사례」, 『지역발전과 광역경제권 전략』, 지역발전위원회, 300-331.

Avenarius, H., 2002, Die Rechtsordnung der Bundesrepublik Deutschland, Bundeszentrale für politische Bildung.

Maurer, H., 2002, Allgemeines Verwaltungsrecht, Beck: Muenchen.

Bundesbaugesetzbuch(BGB)

Gemeindeordnung(GemO: Fassung vom 31.Januar 1994) - Landesrecht Rheinland-Pfalz

Gesetz über die Metropolregion Frankfurt/Rhein-Main(MetropolG)

Grundgesetz(GG)

Hessische Gemeindeordnung(HGO)

Satzung des VereinsMetropolregion Bremen-Oldenburg im Nordwesten e.V.

VBN, Mobility for Future - Nicht nur Fridays sondern 365 Tage im Jahr, Verbundbericht 2019/2020

https://www.metropolregion-nordwest.de

https://www.region-frankfurt.de

제3부

지역의 초광역화 현황

제7장

메가시티전략 현황

김영롱 경기연구원 연구위원

I. 메가시티의 이론적 논의

메가시티 논의는 경제 공간이 대도시권 중심으로 재편되면서 이러한 대도시권 경제의 역량에 따라 주변 지역뿐 아니라 국가의 장래가 결정된다는 주장을 기저에 두고 있다. 기존의 메가시티 개념에 주변 지역까지를 포함하는 메가시티리전(Mega-City Region: MCR) 개념은 리처드 플로리다(Richard Florida), 마뉴엘 카스텔(Manuel Castells) 등의 도시학자들이 21세기 도시의 성장과 원동력에 대한 연구를 기반으로 지지하는 개념이다.

> "메가리전이 현시대 중요한 경제공간으로 출현했다…… 오랫동안 대도시와 주변 촌락, 교외지역으로 구성되었던 도시는 이제 여러 개의 도시지역으로 구성된 메가리전으로 대체되고 있다."
>
> Richard Florida, 『Who's Your City?(2008)』, pp. 41~42

기존의 대도시권 중심 거점 성장 전략이 단일한 중심부와 다수의 주변부 도시 체계를 기반으로 수직적 계층화, 지배종속 관계를 내포하고 있는 반면, 메가시티리전은 네트워크 도시 체계를 기반으로 수평적 네트워크화, 상호의존 관계를 상정하고 있다. 그외에 대도시권과 메가시디리전의 개념적 차이를 정리하면 〈표 7-1〉과 같다. 이러한 개념적 차이를 도시 간의 관계를 중심으로 도식화하면, 점-선-면의 차이로 요약할 수 있다. [그림 7-1]과 같이 점(node) 기반의 단핵도시 모델, 선(corridor) 기반의 연담도시 모델과 비교했을 때 면(network) 기반의 네트워크도시 모델은 중소도시 간의 네트워크를 통해 보다 넓은 지역의 발전을 도모한다는 데 큰 차이가 있다.

〈표 7-1〉 대도시권과 메가시티리전의 개념적 차이

구 분	거점 성장 전략(대도시권)	네트워크 도시(메가시티리전)
도시간 연계 특성	(수직적) 계층화	(수평적) 네트워크화
관계	지배종속 관계	상호의존 관계
도시체계	중심부-주변부 도시	네트워크 도시
도시서열 결정요인	중심성	결절성
비용요소	운송비용	정보비용
시장경쟁 체제	완전경쟁 체제	불완전경쟁 체제

출처: 진종헌, 2020, p. 28.

[그림 7-1] 메가시티의 발전 방향

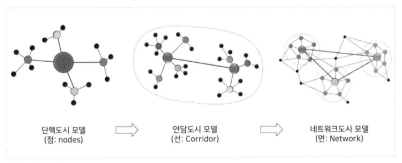

출처: 진종헌, 2020, p. 31.

II. 한국의 메가시티 구상

한국의 맥락에서는 기존의 혁신도시 중심의 지방 분산 정책에 대한 평가와 새로운 대안의 측면에서 검토되고 있다. 물리적 분산에 초점을 두었던 기존의 혁신도시정책이 일시적으로 수도권 집중을 분산하는 데에는 효과적인 선택이었으나, 단일 거점의 구심력이 부족한 상태의 거점 성장 전략이었다는 점에서 미래의 균형발전정책으로 지속가능성이 있을지에 대해서는 회의적이다. 이러한 한계를 극복하는 메가시티리전의 경우 어떻게 다핵거점화 및 권역별 연계발전의 중심축을 형성할 것인가가 핵심적 과제가 될 것으로 보인다.

한국에서 메가시티리전 구상이 적용되는 대표적인 사례는 수도권과 충청권을 통합하는 메가시티리전을 형성하는 구상과 흔히 '부울경'으로 불리는 부산·울산·경남권 통합 논의가 있다. 서울, 인천, 경기를 포괄하는 수도권은 이미 경제권, 광역철도망 등을 통해 충청권과 긴밀하게 연결되고 있다. 천안시, 아산시 등 수도권 남부와 인접한 충남권은 물론 대전시, 세종시, 청주시의 경우에도 수도권과의 상대적인 지리적 근접성을 활용하여 생활권 및 경제권이 수도권과 이어질 가능성을 내포하고 있다.

III. 부울경 동남권 메가시티

부산·울산·경남권은 수도권에 이어 우리나라 제2의 광역경제권이며, 권역 내 인구이동, 산업의존성(기업 간 구매 및 판매 관계), 고용의존성(주변 지역 소재 직업 점유율)에 있어 상당히 밀접한 관계로 서로 의존하고 있다(김영춘 외, 2021, pp. 52-56). 한때 울산이 광역시로 승격되고 창원·마산·진해가 창원시로 통합되면서 각 지역의 주도권 및 독립성을 주장하며 통합보다는 분리의 목소리가 지배적이기도 하였다. 그러나 지난 10여 년간 수도권 쏠림 현상이 강화되는 반면 제2의 광역경제권인 동남권이 상대적으로 감소하면서 위기감이 고조되었다. 비단 국내에서 수도권과의 상대적인 경쟁력뿐 아니라 국제경제 차원에서 다른 유수의 메가시티와 경쟁하기 위해서는 동남권 메가시티로의 통합이 절실한 상황이다.

최근 들어 더욱 필요성이 고조되기는 하였지만 부산·울산·경남권에 대한 통합의 목소리와 부문별 통합 시도는 이미 그 전부터 있어왔다. 2013년 경상남도의회가 동남권 광역연합을 제안한 것 외에도 동남권광역교통본부, 동남권관광협의회, 동남권광역경제위원회, 동남권광역경제발전위원회 등 각 분야에서 통합 및 협력이 시도된 역사를 가지고 있다(김영춘 외, 2021, pp. 186-193).

그러던 중 2019년 12월 김경수 경남도지사가 수도권에 대응하는 메가시티 플랫폼을 제시하면서 광역권 논의가 재점화되며 현실적인 진전이 이루어지기 시작하였다. 2020년에는 영남권 미래발전협의회가 구성되고 동북아 물류 플랫폼 구축, 영남권 광역철도망 구축, 낙동강 통합 물관리 등 다양한 분야의 계획이 제안되었다. 특히 최근에는 가덕도 신공항, 남해안 고속철도 등의 광역 교통망을 통해 부산시, 울산시, 창원시 등 기존의 대도시권을 중심으로 김해시, 양산시, 밀양시를 연계하는 메가시티를 형성하고 진주시, 사천시 등 경남 서부 지역으로 확장하는 광역체계를 구상하고 있다.

기본 원칙은 크게 두 가지로 첫째, 행정통합을 위한 선결 요건으로서 특별지방자치단체 설치를 목표로 하고 둘째, 광역연합의 형태로서 동남권 메가시티를 추진하는 것이다.

[그림 7-2] 부울경 메가시티 구상

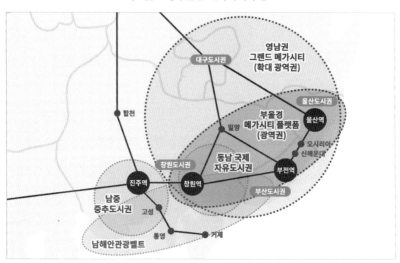

출처: 경상남도청
https://www.gyeongnam.go.kr/index.gyeong?menuCd=DOM_000000103005001001.

부울경 메가시티는 행정적인 통합과 함께 생활공동체, 경제공동체, 문화공동체 형성을 꾀하고 있다. 첫째로 생활공동체 측면에서는 광역교통체계를 구축하여 단지 행정기구의 통합이 아니라 실질적인 생활권 통합을 도모하고자 한다. 일례로 수도권 지역은 광역전철과 광역버스망으로 촘촘하게 연결되어 실질적으로 하나의 생활권으로 기능하고 있다. 동남권의 경우에는 현재까지는 KTX를 비롯하여 철도망이 제한적으로 구축되어있을 뿐 아니라 도시철도의 경우 부산과 김해를 잇는 김해경전철을 제외하고는 부산 내 지역만을 연결하고 있을 뿐이다.

이를 보완하고자 "전철 타고 부산 가자"라는 구호와 함께 '부울경 메가시티 급행철도'(MTX), '부울경 순환철도', '부산-양산-울산 광역철도', '남부내륙철도' 등을 통해 권역 내 교통 접근성을 획기적으로 높일 계획이다. 이러한 지역의 노력에 부응하여 '부울경 순환철도'가 2021년 7월 국토교통부에서 발표한 '제4차 국가철도망 구축계획(2021~2030)'에 반영되었고, '부산-양산-울산 광역철도' 또한 비수도권 광역철도 선도 사업으로 선정되었다. 아울러 동남권의 기업, 지자체, 대학, 연구기관이 협력하는 평생교육 혁신 플랫폼을 구축하여 지역 생활공동체의 인적자원과 산업기반을 다지려는 계획도 가지고 있다.

둘째로 부울경 경제공동체 형성 차원에서 동북아 물류 허브, 수소경제권, 아시아 스타트업 벨트의 3가지 지역 거점 성장전략을 가지고 있다. 동남권은 이미 세계 물동량 7위 규모의 부산항을 중심으로 동북아 물류 네트워크에 있어 중요한 위치를 차지하고 있다. 부산과 창원의 진해 지역에 걸쳐 최근 조성된 부산신항, 신규 조성 예정인 진해신항까지 합치면 이 지역에서 소화하는 물동량 규모는 다시금 세계 수위권으로 올라설 것으로 예상된다. 아울러 오래도록 논란이 되었던 동남권 신공항 건설계획이 2021년 3월 「가덕도 신공항 건설을 위한 특별법」이 제정되면서 일단락 지어졌다. 이로 인해 수도권의 김포공항과 인천공항의 관계와 같이 동남권에서도 기존의 김해공항과 가덕도 신공항이 여객 및 화물 수송에 있어 각기 역할 분담을 할 것으로 기대되고 있다. 뿐만 아니라 근거리 내에서 항구, 공항, 철도 교통이 모두 연결되는 트라이포트 물류시스템이 구축되어 시너지를 기대할 수 있다.

또한 최근 탄소중립 및 수소경제 기조에 발맞추어 기존의 지역 인프라를 활용하는 수소경제권 구축을 꾀하고 있다. 수소경제권 구축을 위한 세 지방자치단체의 역할 분담 계획을 살펴보면 경남에서 도시가스를 활용한 추출수소를 생산하고, 부산에서 수전해를 활용하여 그린수소를 생산하며, 울산에서는 부생수소 생산과 관련된 설비를 확충할 예정이다.

[그림 7-3] 부울경 수소경제권

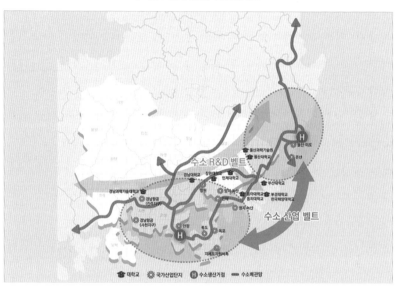

출처: 경상남도청
https://www.gyeongnam.go.kr/index.gyeong?menuCd=DOM_000000103005001004.

셋째로 문화공동체 구축을 위해 남해안 역사·문화 관광벨트, 아시아 문화 허브, 낙동강 생태 인문 관광벨트를 조성할 예정이다. 동남권은 과거 삼한 및 삼국시대로부터 이어져 내려오는 강한 역사 문화적 동질성을 가지고 있으며, 현재에도 우리나라에서 가장 독특한 지역색을 가지고 있는 것으로 유명하다. 또한 다채로운 산, 강, 바다와 관련된 관광자원이 복합되어 있어 이를 기반으로 한 관광벨트 조성이 기대된다. 최근에는 낙동강 유역, 특히 우포늪-을숙도 지역을 중심으로 하는 생태관광에 대한 관심이 급격히 높아졌다. 아울러 순천만 국가정원에 이어 국내 2호 국가정원으로 지정된 울산 태화강 국가정원을 중심으로 국제정원박람회를 개최하고 추가적으로 국가정원 지정을 등록하는 노력을 꾀하고 있다.

또한 아시아 문화 허브 조성을 위해 동남권에서 이미 성황리에 개최 중인 지역 축제를 연계하는 방안이 모색되고 있다. 이미 부산국제영화제는 국내 최대 영화제로 우뚝 선 지 오래되었으며, 작곡가 윤이상의 고향 통영에서 열리는 국제음악제는 해가 거듭될수록 그 규모와 국제적인 관심이 커지고 있다. 그 외에도 창원 K-pop 월드페스티벌, 진주 코리아드라마페스티벌, 울주 산악영화제 역시 한류 콘텐츠와 동남권의 지역 문화를 적절히 활용하는 문화행사로 발전 가능성이 높다.

1. 추진 방안
- 준비 단계: 동남권 메가시티 추진 사전 준비 및 공감대 형성
→ 연구용역 추진
• 동남권 발전계획 공동연구: 선제적으로 특별지방자치단체 실시를 위한 분야별 전략, 공동 프로젝트 및 사업 발굴
* '20. 9. 14: '동남권 발전계획 공동연구' 1차 중간보고회
* '21. 1. 29: 2차 중간보고회
* '21. 3: 연구 준공
* '21. 4. 14: 도지사 주재 '동남권 발전계획 수립 공동연구' 결과보고회

- 동남권 행정통합 기본 구상: 광역단체 통합 사례 및 선행연구 부재로 행정통합 논리개발 등을 위한 선제적인 자료 구축, 기본구상안 마련
  * '21. 3. 2: '대구경북행정통합 기본계획' 초안
→ 추진조직 구성 및 운영
- 자체 실무준비단에서 시·도 통합지원단, 통합위원회로 조직 확대
- 행안부가 조정·중재기관으로 공식 참여를 요청함으로써 지지 기반 확보

- 성숙 단계: 특별지방자치단체 설치
→ 특별지방자치단체 설치로 행정통합 디딤돌 마련

- 통합 단계: 동남권 행정통합
→ 광역연합을 넘어 동남권 메가시티 구축

2. 추진 동향
- '18. 6: 동남권 상생협약 체결
- '19. 3: 제1회 동남권 상생발전협의회 발족
→ 공동협력과제 6건 협약(국가균형발전, 교통, 관광, 경제, 안전, 먹거리)

- '19. 6: 동남권 상생발전협의회 부단체장 회의
→ 신규과제 3건 채택(수소공동체 구성, 공동연구 추진, 행정협의회 구성)

- '19. 12: 제2회 동남권 상생발전협의회 실무협의회 개최

→ 신규과제 3건 채택(공동 인구정책 수립, 5G 융복합 산업 육성, 창업 지원 협력)

- '20. 3: 동남권 발전계획 공동연구 시행
- '20. 12: 지방자치법 전부개정 → 특별지방자치단체 설치 근 거 마련
- '21. 1: 특별지방자치단체 설치 간담회 → 행안부 주관, 부· 울·경 참여
- '21. 2: 특별지방자치단체 설치 공동준비단 구성 및 운영(동남 권광역특별연합으로 명명)
- '21. 2: 특별지방자치단체 설치 공동연구 의뢰 ▷한국지방행 정연구원
- '21. 6: 특별지방자치단체 합동추진단 한시기구(국장급) 승인
- '21. 7: 3개 시도지사 및 의장단 업무협약 체결
- '21. 7: 동남권 특별지방자치단체 합동추진단 출범
- '21. 9: '부울경 메가시티 상품권' 발행
- '21. 10: 부울경 특별지방자치단체 설치 시민참여단 발대식

3. 부산·경남 실무협의 추진 경과

- '20. 11. 5: (경남) 전담 조직 및 공론화위원회 구성, 공동연구 추진 제안
- '20. 11. 11: (부산) 전담 조직 필요성 공감, 공동연구 제3기관 의뢰 제안

- '20. 11. 16: (부산) 메가시티추진TF 신설
- '20. 11. 18: (경남) 기존 부서에 메가시티 업무인력 충원
- '20. 11. 26: (부산·경남) TF 상견례 및 대구시청 공동 방문
- '20. 12. 11: (경남) 행정통합 연구 관련 경남측 단독 연구 추진 방침 통보
- '20. 12. 18: (부산·경남) 지방자치법 개정에 따른 향후 메가시티 추진 방향 공유 → 광역연합

4. 향후 계획
- '21년
• 특별지방자치단체 추진 지원조례 제정
• 특별지방자치단체 규약 협의 및 절차 진행
• 특별지방자치단체 민관협의체 구성
• 국회, 시의회, 행정안전부 등 대외기관 사전 협의

- '22년 : 동남권 특별지방자치단체 시범 실시

| 참고문헌 |

김영춘 외, 2021, 희망에 대하여: 부울경 메가시티, 호밀밭.

진종헌, 2020, 행정수도 완성과 광역권 메가시티 전략, 행정수도 완성과 충청권의 미래비전 토론회 발표자료, 2020. 9. 28.

제8장

행정구역 통합 논의와 결과

김수연 정책기획위원회 위원, 대한민국시도지사협의회

I. 여수시·여천시 및 여천군 통합

　지역의 초광역화 논의는 지방행정 체제 개편 논의에서 출발했다고 볼 수 있다. 1995년 지방행정 체제 개편 논의는 행정효율성 제고라는 목적하에 중앙정부 주도로 시·군 통합이 중심이었고, 전국적으로 제주도를 제외한 8개 도에서 총 40개의 통합시가 탄생하였다. 그러나 당시 이러한 통합은 지역의 초광역을 의도한 것은 아니었으며, 행정의 편의와 효율성 제고를 주된 목적으로 하여 중앙에서 결정한 대로 이루어진 시·군 통합이었다.

　그 후 1997년 국내 최초로 주민 발의로 추진된 행정구역 통합안에 대한 주민투표를 통해 1998년 여수시가 탄생했다. 여수시는 전라남도 여수시·여천시 및 여천군을 통합하여 도농복합 형태의 시로 설치되었다. 한편 여수시의 출범을 나타내는 「전라남도 여수시 도농복합 형태의 시설치 등에 관한 법률」에서 직접적인 국가의 행정적·재정적 지원에 관한 사항이 명시되지는 않았다. 그러나 통합 결과 여수시는 재정적·행정적으로 상당한 통합 효과를 얻은 것으로 평가된다. 전남 내 재정

규모가 제일 크고, 행정 측면에서는 공무원 감축 및 행정동 축소를 통한 경상경비 절감 등의 효과를 얻었다.

II. 창원·마산·진해 통합

창원·마산·진해시의 통합은 1980년대 후반부터 논의가 있었다가 2008년 이명박정부의 출범과 동시에 100대 국정과제에 '지방행정체제 개편'이 포함되었고, 제18대 국회에서 자치단체 통합론이 진행되어 2009년 행정안전부가 '자치단체 자율통합추진계획'을 발표·진행하면서부터 급물살을 탔다. 창원·마산·진해 외에 성남·광주·하남의 통합 논의도 있었으나 성사되지 못하였고, 최종적으로 창원·마산·진해만이 통합을 이뤄냈다.

이명박정부의 정책 수립 이후 첫 번째 사례로서 2010년 7월, 통합 창원시가 출범하게 되었다. 이 과정에서 함안군도 포함될 뻔했으나 최종 통합안에서는 제외되었다.

통합 창원시는 기존 3개 지역의 지역색은 여전히 남아 있으나 2021년 현재 인구 100만 명이 넘는 대도시로 성장하였고, 통합 이후 지속적으로 광역시로의 승격을 주장하였다. 2021년 지방자치법 전부 개정으로 '특례시'로서 규모(인구 100만 이상의 대도시)에 맞는 행정특례를 부여받을 수 있는 법적 근거를 마련하였으나 '특례시'는 지방행정계층이나 지방자치단체의 명칭이 아니라 기존의 「지방자치분권 및 지방행정체제개편에 관한 특별법」에서 인정하고 있는 대도시 특례로서 인정받은 명칭이라는 점에서 광역시와 대등한 개념은 아니라 할 것이다.

창원시의 출범이 지역의 초광역화 현상의 출발점으로 보기는 어렵다. 이는 이명박정부 시기에 막대한 인센티브와 지역발전 지원을 담보로 통합을 독려한 결과라 볼 수 있다. 「경상남도 창원시 설치 및 지원 특례에 관한 법률」 제3조에 의하면, "국가는 법률에서 정하는 바에 따라 창원시, 마산시 및 진해시가 통합하여 설치된 창원시의 지역경쟁력을 강화하고, 균형 있는 지역발전이 이루어질 수 있도록 통합비용을 지원하고, 지방교부세, 보조기관의 직급, 행정기구의 설치, 사무 권한 등에 관한 행정적·재정적 지원을 할 수 있다"라고 규정하였다.

실제 창원시는 3개 시의 물리적 통합에 준하는 수준의 행정규모를 갖고 있고, 이 점에서 1995년 시·군 통합으로 규모의 경제를 달성하여 행정 효율성을 제고하고자 했던 지방행정체제 개편과는 그 성격을 달리한다고 하겠다. 또한 그동안의 시·군 통합과는 달리, 여수시의 경우와 마찬가지로 창원시는 중앙정부의 일방적인 결정에 의한 통합이 아니라 지역이 주도하여 자율적 합의에 의한 통합이며 그 과정에서 비교적 긴 시간(약 6년)의 소모와 각계각층의 다양한 참여와 논의를 통해 스스로 선택한 통합의 결과라는 점에서 의미가 있다.

Ⅲ. 청주·청원 통합

청주와 청원 두 지역은 본래 한 고장이었으나 1946년 미 군정 법령에 따라 청주부와 청원군으로 분리됐다. 이후 1994년과 2005년, 2010년 등 모두 세 차례에 걸쳐 행정구역 통합이 추진됐으나 청원군 주민과 의회의 반대로 실패했다. 그러나 2012년 6월 청주시의회 의결과 청원군 주민투표(투표율 36.75%, 찬성률 79%)로 4번 만에 통합이 결정됐다. 2010년 7월 청주·청원 광역행정협의회 설치, 8월 충북도지사와 청주시장, 청원군수 등이 통합추진 기본 원칙에 합의했고 청원·청주 통합군민협의회 출범(2011년 5월 3일)과 청주·청원통합시민협의회 출범(2012년 2월 9일)으로 통합 추진을 민간이 이끌었다. 청주·청원의 통합은 2004년 주민투표법이 시행된 이후 주민투표를 거쳐 통합을 결정한 최초 사례이기도 하다.

청주시와 청원군의 통합에서 중요한 역할을 한 것은 청주시와 청원군 사이의 상생발전 합의 사항이라고 하겠다. 청주시는 홈페이지에 분기별로 '청원청주 상생발전 합의사항 추진 현황'을 점검하여 공개하고 있다. 「충청북도 청주시 설치 및 지원특례에 관한 법률」 제3조에서는 창원시의 설치의 경우와 마찬가지로 "국가는 청주시 및 청원군이 통합되어 설치된 청주시의 지역경쟁력을 강화하고 균형있는 지역발전이 이루어질 수 있도록 통합비용을 지원하며, 지방교부세, 보조기관의 직급, 행정기구의 설치, 사무 권한 및 통합청사 건립 등에 관한 행정적·재정적 지원을 할 수 있다"라고 규정하고 있다.

이와 별도로 제4조에서 청주시장에게 종전 시·군의 장이 합의한 상생발전 방안을 성실하게 이행할 의무를 부과하면서, 이행 점검을 위한 상생발전위원회를 청주시장 소속으로 설치하고, 생상발전 방안의 이행, 상생발전위원회의 구성 및 운영 등에 관한 구체적인 사항은 조례로 정한다고 규정했다. 이러한 조문은 다른 지방자치단체 통합법에서는 나타나지 않은 규정이다.

IV. 최근 초광역화 논의 현황

2020년에 지방행정은 또다시 커다란 모험의 길을 시작했다. 지역의 인구가 급감하고, 이른바 '지역 소멸'이라는 용어가 각종 언론매체에서 심심찮게 등장하는 가운데 지역 주도로 행정의 효율성 제고와 동시에 규모의 확장을 통한 인구 유입 효과 모색 및 수도권 1극 체제의 변화를 도모하여 다극 체제로 전환하고자 한 것이 지역통합 및 초광역화 추진이다.

앞서 본 바와 같이, 과거의 광역화 추진은 행정통합 논의에서 출발하였다. 메가시티리전이 도시 및 지역 간의 네트워크에 기반한 느슨한 연합을 꾀하고 있다면, 행정통합 유형의 초광역화 전략은 지역거점도시와 주변 지역의 행정적인 통합을 목표로 하고 있다.

기존 중앙정부 주도의 행정통합과의 차이를 보면, 기존에는 획일적 기준과 인센티브를 기반으로 주변 지역이 중심 도시에 흡수되는 방식으로 이루어졌으나, 새롭게 제안되는 지역 주도 방식은 기존의 권한과 지위를 유지하거나 상향하여 자치 분권을 강조하는 방식을 강조하고 있다. 그리고 통합 대상이 되는 광역자치단체의 기존 역할을 어느 정도 유지하느냐에 따라 점진적이고 단계적인 접근이 가능하다.

2020년 1월 대구·경북은 시·도지사 행정통합 공식 선언 및 연구단을 발족하고, 6월 대구·경북 행정통합 기본 구상(안)을 수립(대구경북연구원)하였으며, 9월 대구·경북 행정통합 공론화위원회 출범과 12월 토론회 개최 등을 추진하였다. 그럼에도 경북(북부)지역 시도의회 및 지자체 반대 여론에 부딪혀 공론화 일정을 두 달 연기하였고, 2020년 3월 2일 대구경북통합기본계획을 시·도민에게 공개하였다.

대구·경북 통합은 처음에는 완전한 하나의 초광역 자치단체로서
탄생시키기 위한 통합 논의였다가 주민들의 반대 여론 및 정치적 문제
를 비롯한 부정적 시각을 극복하기 위해 '행정통합'으로 한 걸음씩 물
러나서 추진하게 되었다.

대구·경북 행정통합의 기본 원칙 및 통합 방식은 '일대일 대등통합,
지역주도형 행정통합, 대구·경북 완전 통합'이었다. 이러한 원칙에 따
라 특별광역단체장 1명, 대구 8개 구·군, 경북 23개 시·군 존치를 바
탕으로 하였다. 당초 2020년 (가칭)대구경북특별자치정부를 설치하고
외적 행정통합 후 2030년까지 실질적 체계 결합을 통해 통합을 완성
한다는 계획이었다.

[그림 8-1] 행정구역 통합(안)

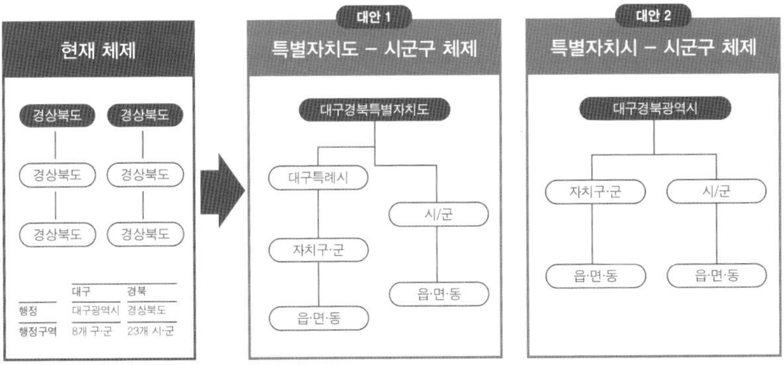

그 과정에서 법률안은 「(가칭)대구경북 행정통합 특별법안」을 마련
하여 통합시에 행정특례를 부여하고 중앙정부의 지원이 가능하도록
하고자 하였다. 주된 내용으로 8개 특별지방행정기관(국토관리청, 고용노
동청, 지방중소벤처기업청 등)의 사무를 이관하고, 주민참여를 확대하여 조
례·규칙의 개폐 청구, 주민감사 청구를 강화하며, 지방의회의 의원정

수는 유지하고, 자치조직 및 인사제도 운영의 자율성을 제고하며, 교육자치, 경찰자치, 감사위원회 설치 등 자치권한을 확대 강화하는 내용을 담고자 하였다.

〈표 8-1〉 대구·경북 행정통합 절차

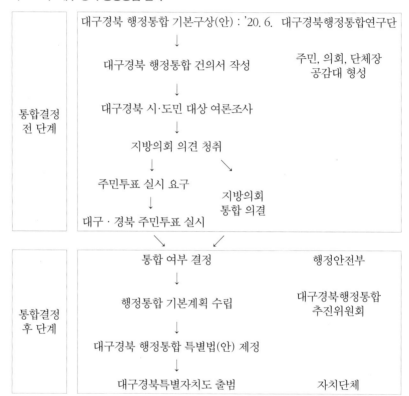

한편 「(가칭)광역자치단체 행정통합 지원에 관한 법률안」 마련도 검토하였다. 이는 지방행정체제의 개편으로서 광역단체 통합 절차와 추진위원회 운영 등에 관한 사항을 규정하고, 통합지방자치단체에 재정지원, 공무원 처우, 지방의회, 산업특례 등의 특례를 부여하는 내용, 대

도시로서 지방채 발행, 부단체장 수, 조정교부금 등의 특례를 인정하는 내용을 담고자 하였다. 결과적으로 통합 논의가 중장기 과제로 전환되면서 더 이상 논의의 진행은 없는 상황이다.

주민 의견 수렴 결과를 보면, 2020년 9월 대구경북행정통합공론화위원회를 설치하여 주민 의견을 수렴하는 과정을 진행하였고, 같은 해 12월 행정통합 시·도민 토론회를 개최하기도 하였다. 또한 2차례에 걸친 여론조사를 진행하였다. 1차 여론조사(2021.2.16.~2.18)에서 대구·경북 통합 찬성이 40.2%, 반대는 38.8%였고, 2차 여론조사(2021.3.29.~4.11)에서는 통합 찬성 45.9%, 반대 37.7%로 찬성 여론이 일부 증가하기는 하였으나 최종 주민의 동의에 이르렀다고 볼 수 없어 논의의 추가적인 진행은 없는 상황이다.

공론화위원회는 여전히 그 기능은 유지하고 있으나 지역주민들의 상대적으로 높은 반대 여론으로 통합 논의는 탄력을 잃고 답보 상태를 유지하고 있다. 공식적으로 통합 추진을 중단한다는 의미는 아니고, 중장기 과제로 전환시켜둔 상태이다.

광주·전남 역시 2020년 9월 광주광역시, 광주·전남행정통합준비단을 출범시키고, 같은 해 11월 광주·전남 통합 논의 합의문을 발표하여 통합 논의 1단계로서 통합의 내용과 방법, 절차 등 제반 사항 및 경제공동체 구축 등 다양한 방안들의 장·단점을 포함하여 논의하고, 통합 논의 2단계에서는 용역 기간 1년과 검토 및 준비 기간 6개월을 거쳐 시·도 통합 공론화위원회를 구성·진행하고자 하였으나 그해 12월 민간공항 이전과 관련한 갈등의 발생으로 전남 측은 행정통합 연구용역 관련 예산 전액 삭감 및 논의 보류 후 현재까지 특별한 진전은 없는 상황이다.

제4부

분권형 균형발전을 위한 초광역 전략

제9장

중장기 초광역 전략 개요

진종헌 공주대학교 지리학과 교수

초광역 전략의 개요를 세 개의 키워드로 간단히 설명하면 '공간, 산업, 행정체계'의 연계전략으로 초광역 기반의 분권과 균형국가를 실현하자는 것이다.

앞서 논의한 바와 같이 과거 MB정부에서 '5+2' 광역경제권전략과 같은 초광역 정책이 성공하지 못한 것에는 여러 이유가 있겠지만 무엇보다도 권역별 산업전략을 행정적으로 뒷받침하는 거버넌스 체계가 부재했다는 점이 가장 컸다고 볼 수 있다. 당시의 행정체계는 현재와 같은 광역시도 체계이며, 광역시도 간 협력은 협의체 수준을 크게 넘어서지 않았고 (초)광역 단위에서의 중요한 의사결정의 주체가 되기 힘들었다는 것이 대체적인 평가이다. 초광역 거버넌스를 담당했던 광역경제권발전위원회(및 사무국)는 광역경제권 발전계획 및 시행계획 수립, 광역경제권 내 연계협력사업 발굴, 광역경제권사업의 종합관리를 담당하는 역할을 맡았지만 실질적인 수행 과정에서 광역시도 단위 행정체계의 한계를 극복하지 못했다.

이러한 조건은 2020년 12월 지방자치법 개정을 통해 특별지방자치단체의 구성이 가능해지면서 크게 달라졌다. 예컨대 부산, 울산, 경남 3개의 광역시도가 연합해서 새로운 초광역 사업의 행정적 주체를 만드는 것이 가능해진 것이다. 물론 개정된 지방자치법에 의해 가능해진 특별지방자치단체의 범위가 광역+광역 연합의 형태만을 의미하는 것은 아니지만 향후의 초광역 전략의 거버넌스 강화 측면에서 매우 유용한 제도적 여건의 형성이다.

[그림 9-1] 초광역 전략의 주요 분야(축)

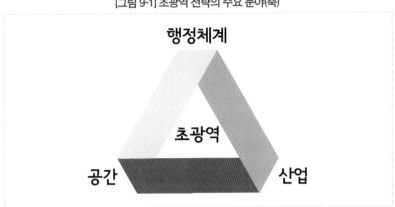

이러한 조건하에서 초광역 전략의 주요 축을 [그림 9-1]과 같이 '공간-산업-행정체계'로 설정하고 세 축의 통합적 접근을 통해 초광역전략을 구체화하고 실행할 필요가 있다. 세 축의 핵심 과제를 요약하면 다음과 같다. '공간'은 초광역 메가시티의 지리공간적 체계를 형성하는 것을 의미하며, 그 출발점은 메가시티의 거점도시들을 연결하는 광역교통망의 구축이다. 나아가 '거점대도시-중추(및 중소)도시-농촌마을'로 이어지는 초광역 메가시티(도시체계)의 형성을 의미한다.

'산업'은 특화정책을 통해 초광역권역의 핵심산업을 집중 지원하여 국가적 경쟁력을 갖도록 발전시킨다는 것이다. 특화산업은 거점도시의 특성에 맞게 입지해야 하므로, 산업정책은 산업공간 정책이 되어야 하고 결국 '공간'-'산업'은 별개가 아닌 연결된 축이다. 최종적으로 '공간-산업' 패키지 전략을 작동할 수 있게 하는 초광역 '행정'의 주체로서, 단기적으로는 특별지방자치단체, 장기적으로는 초광역 지방정부를 지향한다.

〈표 9-1〉 초광역 3대 전략과제

- 초광역 메가시티 → 공간(도시 및 교통인프라)정책
- 초광역 산업생태계 구축 → 산업전략(특화산업정책+고등교육체계)
- 초광역 행정을 위한 행정체계 조정 및 개편 → 특별지방자치단체 설치 운용 후 장기적으로 초광역 지방정부의 설치

초광역 전략 정책 방향을 크게 다음의 네 가지로 정리할 수 있다.

1) 공모 방식에서 수평적 '계약'으로 전환 :

현행 '지역발전투자협약'을 계획계약으로 전면화하여 실행계획 수립

2) 중앙부처의 일원화, 추진 주체 형성 :

범부처 초광역 전략 추진기구의 설치

3) 자율적·제도적 권역화, 지역의 추진 주체 형성 :

특별지방자치단체를 위한 제도화 및 메가시티 전략을 통한 산업-공간 권역화

4) 협력'사업'에서 계획관리 및 조정체계로 :

지역발전계획(초광역 계획)의 국가계획 반영

위 네 가지 정책 방향은 다소 교과서적이고 원론적인 측면을 담고 있다. 그러하기에 현재의 제도 및 관행과 비교하면, 위 정책 방향을 실현하기 위해서는 상당히 혁명적인 변화가 필요하다. 네 가지 정책 방향을 각각 구체적으로 살펴보자.

Ⅰ. 공모방식에서 수평적 '계약(혹은 협약)'으로 전환

1. 정의

계약(협약)방식으로 전환하는 것은 중앙정부와 지방 간 관계가 위계적, 비대칭적, 통제와 수용의 관계에서 수평적, 대칭적, 협력적 관계로 바뀌는 것을 의미한다. 중앙정부와 지방이 상호 협의하여 사업을 선정하고, 상호이행의 의무를 지는 계약(혹은 협약)의 방식을 통해, 기존의 하향식(top-down), 공모방식 위주의 지역사업의 기본 틀을 근본적으로 수정하여 수평적 관계 설정을 지향하자는 것이다.

2. 필요성 및 배경

중앙정부가 지역(지자체)의 사업을 지원하는 방식에서 가장 큰 비판의 대상이 되는 지점이 바로 공모방식을 통한 사업 집행이다. 현재 공모방식은 중앙부처 관료들이 선호하는 방식이지만, 중앙정부–지방정부 간 수평적 관계를 지향하는 관점에서 보면 개혁의 대상으로 간주된다. 이는 공모방식이 갖고 있는 근본적 '이중성'에 기인한다. 한편으로,

공모방식은 객관적이고 '공정하다'. 즉 중앙부처에서 사업을 구체화하고 지방정부로부터 사업계획서(신청서)를 받아 객관적 기준에 의해 가장 '좋은' 계획서, 즉 사업의 의도를 잘 구현하고 있으며, 구체적 실행방안을 제시하여 실현 가능성이 높은 계획서를 제출한 지자체를 지원하는 것이다. 지자체들이 같은 조건에서 출발하여 '공정한' 경쟁을 통해 선정되기 때문에 잡음을 최소화할 수 있고 중앙부처의 사업 의도를 그대로 실현할 수 있기에 중앙부처의 관료들은 이 방식을 쉽게 포기하지 못한다.

그런데 비판적 관점에서 이구동성으로 공모방식의 문제점을 지적하는 것은 어떤 이유에서인가? 무엇보다도 현재의 공모방식은 중앙이 만든 틀과 기획을 지방이 수용하고 좇아가기 급급하다는 점에서 중앙과 지방의 불평등한 힘의 관계를 고착화하는 측면이 강하다는 점이다. 이러한 점에서 공모방식은 공정함을 가장한 세련된 하향식 사업이며, 경쟁을 가장한 '나눠먹기'이고 궁극적으로 중앙부처 간, 지방(정부) 간에서도 경쟁을 실질적으로 배제하는 현상유지 체계라고 할 수 있다. 공모방식의 근본적 한계를 극복하고, 중앙과 지방 계약의 상호이행을 통해 수평적 계약의 형태로 전환하는 것이 시급히 요구된다.

〈표 9-2〉 계약의 정의와 과정

- '계약'의 정의와 과정
- (정의) 중앙정부(다부처)와 지역이 수평적으로 협의하여 공간 인프라, 산업, 교육 등 주요 분야의 실질적 지역발전을 위해, 지역이 주도하는 방식으로 정책수단(기능)과 재원을 포괄적·통합적으로 운영함으로써 국가경쟁력 강화와 지역발전이라는 공동의 목표를 추구하기 위한 행·재정적 상호 계약
- (진행과정) 조정 및 토론 → 상호약속(계약) → 재정투입

출처: 김찬준, 2019, 한국형지역발전투자협약 모델연구, 산업연구원, p.244.

예컨대 박근혜정부의 지역사업은 상향식(bottom-up)으로 포장된 하향식이라 할 수 있다. 핵심적 이유는 역시 개별사업이 대체로 공모방식 위주를 벗어나지 못하면서 중앙부처가 만든 가이드라인을 지자체가 따라가는 형태가 유지되었기 때문이다.

[그림 9-2] 현행 지역사업과 지역발전투자협약의 사업방식 비교

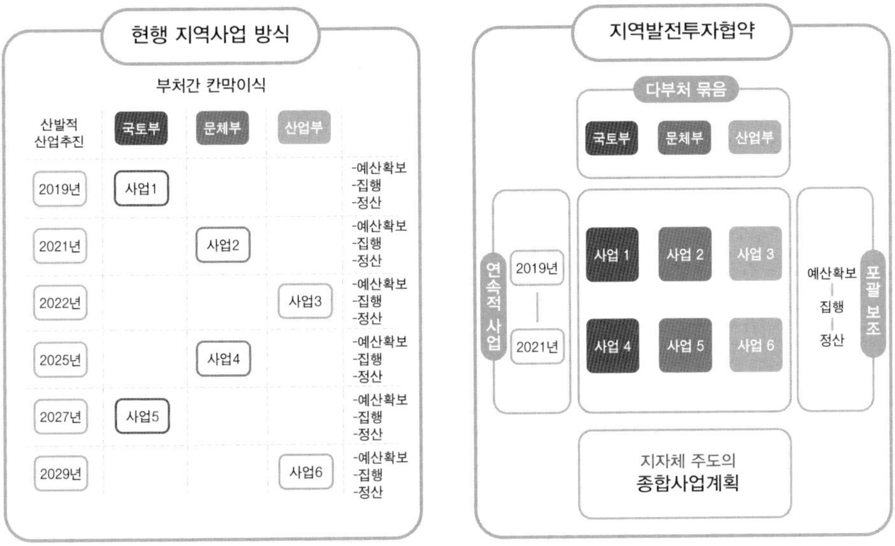

3. 진행 상황

2020년 중반 이후 초광역 발전전략 및 초광역 협력사업에 대한 관심이 고조되면서 2021년 4월 자치분권위, 국가균형위, 행안부, 산업부, 국토부, 기재부 등이 참여한 「메가시티지원 범부처TF」가 출범하여 지원방안을 논의하기 시작했다. 몇 달에 걸친 논의 끝에 발표된 「초광역협력 지원전략(관계부처합동, 2021. 10.14)」은 '초광역특별협약'을 중요

한 부분으로 다루고 있어 일단 긍정적으로 평가할 수 있다. 이러한 논의 과정에서 실질적인 변화를 위해서는 공모방식 사업의 근본적 변화가 필요하다는 문제 제기가 지속적으로 이루어졌다. 이러한 문제의식이 실제 정부정책에 어느 정도까지 반영될지는 아직 미지수이다. 예를 들어, 한국판 뉴딜의 지역균형뉴딜 분야에서의 재정 투입은 여전히 대체로 공모방식에 의존하고 있다. 초광역협력사업 관련해서도 공모방식을 어느 정도까지 개혁하는가가 중요한 화두가 되고 있다. 즉 '공모방식의 유지 vs. 지역발전투자협약(초광역특별협약)의 확대 도입' 간의 논의가 지속되고 있으며, 이 결과에 따라 초광역전략의 실효성 여부가 상당히 좌우될 가능성이 크다.

계약의 방식은 한편으로는 전면 도입이 쉽지 않은 과제이므로 균형위의 지역발전투자협약을 점차적으로 확대하는 방안으로 추진될 가능성이 크다. 문재인 정부에서 추진되고 있는 지역발전투자협약 시범사업에 대한 평가에 기초해 새로운 협약의 모델을 만들어야 할 것이다. 시범사업에 대한 부정적 평가 또한 상당 부분 있는 편인데, 이는 중앙정부와 대등한 협약(계약)의 주체가 되기에 아직은 지자체의 준비 상태가 미흡하기 때문일 것이다. 또한 시범사업에서 지방의 파트너가 광역 시도에 국한되지 않고 기초지자체까지 확대된 것과도 관련성이 있다. 어쩌면 시범사업의 성격으로 볼 때 어느 정도의 시행착오는 당연히 발생할 수 있다.

그리고 확대 실시될 초광역 지역발전 투자협약은 균형위의 틀을 넘어 범부처 차원에서 다양한 방식으로 기획될 필요가 있다. 이미 농식품부에서는 농촌협약의 형태로 사업이 진행 중이며, 이같은 부처별 협약을 패키지화하여 초광역 지역 주체와 '범부처-초광역' 협약을 맺는 것이 이상적인 형태일 것이다.

추가적으로, 지자체 간 지역발전투자협약을 체결할 수 있도록 제도적으로 보완하는 것이 필요하다. 초광역협력을 위해 중앙-지방뿐 아니라 지자체 상호간 협약이 필요할 수 있는데, 현재의 균특법 제20조에 지자체 상호간 투자협약을 체결할 수 있다고 규정되어 있을 뿐 절차에 대한 조항이 없기 때문이다.

4. 기대효과

공모방식을 개선하는 것은 '공정'에 새로운 의미를 부여하는 것이고, 공정의 기준을 바꾸는 것이다. 계약방식은, 공모를 통한 지자체들 간의 좁은 의미의 공정한 경쟁이라는 틀을 확대하여 중앙과 지방 간 관계를 수평적이고 상호적인 관계로 만들 수 있는 기회를 제공한다는 점에서 더 공정의 본질에 근접한다고 할 수 있다. 중앙이 만든 틀과 수립한 기준에 지방이 도달하기 위해 무한경쟁하는 것이 아니라, 수평적 계약관계를 통해 중앙과 지방이 서로 책임을 다하기 위해 노력하는 과정이기에 더 공정하다고 할 수 있다. 이 과정에서 중앙부처 간에도 부처간 칸막이를 통해 자신의 영역을 지키는 것이 아니라, 실제적인 경쟁이 발생할 수 있다는 점에서 더 공정할 수 있다. 이를 통해 지자체들 간에 자립적이고 지속가능한 지역의 산업/도시/지역 생태계를 만들어가기 위한, 지역에 특화된 다양한 실험이 있을 것이고, 진정한 의미에서의 경쟁이 시작될 것이라는 점에서 더 공정하다.

정리하면, 중앙-지방 간 수평적 관계의 계약(협약)을 추구함으로써 지방정부의 책임성을 명확히 할 수 있다. 즉 자율성과 동시에 책임성이 강하게 부과되는 것이다. 현재의 공모제도 하에서는 지방의 책임은 제한적이다. 초광역 권역화, 지역발전계획, 사업 선정 등에서 지방정부의 자율성을 강화하면서 동시에 계약의 이행 여부에 따른 평가와 페널티를 분명히 할 필요가 있다. 이를 위해서 현재 시범사업실시중인 지역발전투자협약제도의 장점을 유지하면서 계획에 대한 '계약'의 성격을 강화할 수 있도록 제도개선과 함께 필요하다면 추가적인 법개정이 필요할 것이다(뒷 부분 '계획'관련내용을 참조).

5. 전략 및 시행계획

초광역 권역 발전전략에서 지역발전투자협약을 활용하는 방안에는 두 가지 접근이 가능하다. 첫째, 단기적으로는 지역발전투자협약을 보완적으로 활용할 수 있을 것이다. 이는 현실적인 접근이다. 초광역 협력사업을 추진할 때 협약(혹은 계약)의 방식으로 진행하는 경우 인센티브를 주는 방안 등을 고려하여 유도할 수 있다. 둘째, 특별지방자치단체 설치를 통한 초광역 권역전략의 경우에 특별지방자치단체와 중앙의 총괄부서가 협약의 형태로 초광역지원의 주요 내용에 대해 패키지로 상호 약속하는 것이다. 이것이 「초광역협력 지원전략」에서 제안한 '초광역 특별협약'이다. 그러나 이후 진행되는 과정을 보면, 별도의 입법과 제도를 만들기보다는 기존 지역발전투자협약제도를 활용하여 초광역협약을 체결할 가능성이 커지고 있다. 협약제도와 함께, 연차별 재원확보, 초광역협력사업 국고보조율 10%p 상향조정, 지방재정투자심사 등 각종 행·재정적 절차 간소화 등도 같이 논의되고 있다.

II. 중앙부처의 일원화: 중앙의 추진 주체 형성

1. 필요성 및 배경

이 역시 계약방식의 도입과 직결된 것으로서, 중앙-지방 간 계약 및 협약의 방식을 실현하기 위해서는 관련된 다수의 중앙부처를 협약 창구, 재정, 조직 등에서 한 묶음으로 일원화할 필요가 있다. 즉 지자체가 사업을 위해 관련된 중앙부처를 제각각 찾아다니면서 협의해야 하는 어려움을 덜기 위해 필요하다. 〈표 9-3〉에서는 협상, 재정, 조직의 세 측면에서 중앙부처의 일원화가 필요함을 밝히고 있다.

〈표 9-3〉 중앙부처의 일원화

- 협의 창구의 일원화: 다부처 지역사업의 원활한 수행. 각 부처가 중앙의 추진 주체에 주요 사업 및 계약 관련 협상/결정 권한 위임. 부처간 이견을 조율하여 지역에서 진행되는 국가전략과제 도출
- 재정 일원화: 다부처의 지역사업 재원을 한 군데로 모아 집행하는 'single pot'을 단계적으로 확대 집행
- 조직의 일원화: 궁극적으로 중앙부처의 지역기관(지역의 특행기관)까지 포함하는 권역의 조직/예산관리의 실질적 일원화

2. 현행 제도

현재 여러 정부사업에서 균형위(초광역협력 공모사업), 행안부(지역균형 뉴딜), 국무조정실(생활 SOC) 등이 부분적으로, 사업별로 중앙부처를 대표하는 역할을 분담하여 수행하고 있다고 볼 수 있으며, 향후에는 보다 체계적인 제도와 추진체계가 필요하다. 현재 많은 지역사업 혹은

균형발전사업에서 '지역 주도'가 신성불가침의 원칙처럼 간주되고 있지만 정작 이를 가능케 하기 위한 중앙부처의 변화에는 미온적인 것이 현실이다. 〈표 9-3〉에서 일원화로 가기 위한 중간 단계로 부처간 칸막이를 허물고 '다부처 묶음'의 형태로 중앙부처들을 단일협약주체로 구성한 지역발전투자협약 시범사업의 모델에서 중앙부처(총괄기구)가 어떤 방향으로 변화해야 하는가를 확인할 수 있다. 중앙의 추진 주체가 일원화되어 있지 않은 현재의 방식에서 지방은 중앙의 다부처를 상대하기에 지역 주도의 방식을 실현하는 것이 현실적으로 불가능에 가깝다는 것이다. 이같은 점에서 중앙부처 일원화는 앞서 논의한 지역발전투자협약의 궁극적 목표와 일치하며, 협약의 실질적 파트너를 형성하는 것이라 할 수 있다. 이같은 실질적 총괄기구가 없을 경우 중앙은 부처 간 중복사업을 피할 수 없어 중앙정부가 지역사업 전체의 실태와 지역의 경쟁력을 객관적으로 파악하는 콘트롤타워 부재를 경험하게 된다.

3. 기대효과

중앙부처에서 단일한 초광역사업의 주체를 형성하는 것은 이중적, 양면적 효과를 초래한다. 첫째, 이는 중앙의 단일한 초광역사업 파트너를 형성하여 지방정부의 편의 및 주도성을 강화한다. 무엇보다도 지방정부의 사업 수행이 용이하도록 제도적으로 지원함으로써 지역의 잠재력을 키우고 지역사업의 지속가능성을 향상시키는 결과를 가져온다. 둘째, 이는 중앙정부의 경쟁력과 콘트롤타워 기능을 강화하게 될 것이다. 균형발전사업 혹은 초광역협력사업과 관련하여 각 부처가 자신의 영역을 대체로 고수하는 현행 방식을 유지하는 것은 사실상 중앙부처 전체의 지역 관련 사업 관리 능력을 제고하는데 도움이 되지 않을 수 있다. 현행의 방식에서는 중앙정부가 지역의 여건과 잠재력, 수행 능력을 총체적으로 파악하는 것이 어렵다. 개편을 통해 궁극적으로 중앙정부가 지방의 사업을 효율적으로 관리하고 지역의 경쟁력 강화를 유도할 수 있음이 간과되어왔다.

4. 전략

협의 주체, 재정, 조직의 측면에서 각각 대안 혹은 전략을 정리하면 다음과 같다. 먼저 조직과 관련하여 다음과 같이 제안할 수 있다. 첫째, 균형위를 확대 강화하여 범부처 추진기구화하는 것이다. 현재는 대통령자문기구로서의 한계가 뚜렷하기에 제도적 보완이 필요하며, 자체 예산집행이 가능한 행정위원회로 발전시키는 안 혹은 다른 방식으로 부처화하는 안이 있다. 여기서 더 나아가 기존 부처와의 통합을 통해 부총리 수준의 대형 부처화하는 안이 제안되기도 한다. 예를 들어 행안부와의 통합을 통해 분권균형부, 혹은 국토부와의 통합을 통해 국토균형부로 발전시키는 안이 거론된다. 기존 부처와의 통합은 범부처 추진기구를 형성하는 근본 목적에 부합하는지의 관점에서 냉정한 검토가 필요하다. 둘째, 협의주체(창구)는 사실상 조직의 일원화와 연동되어 있다. 단지 프랑스의 사례를 참고한다면, 상층에서의 협의 창구는 총괄기구가 담당하지만, 권역별로 지방의 추진 주체와 협약을 진행시키는 당사자는 별도로 존재한다. 즉 '관선지사'가 중앙의 다 부처와 소통하면서 협상 권한을 위임받아 지방의 광역정부와 구체적인 협약안을 도출하는 것이다. 단지 우리나라의 여건에서 현실적인 대안이 될 수 있을지에 대해서는 냉정한 평가가 필요하다. 예컨대 초광역 권역에 준하는 지리공간적 범위에서 광역청을 수립하고 중앙의 총괄기구를 대신하여 지방의 광역자치정부와 협약을 도출하는 형태가 될 것인데, 자칫 지역의 관점에서 볼 때 옥상옥의 형태라 인식할 수 있고 수평적 협약보다는 중앙의 통제를 강화하는 장치로 생각할 수 있다.

재정의 일원화는 현재 시행 중인 포괄보조의 성격을 강화하고, 별도의 초광역 협력계정을 신설하는 것을 일단 고려할 수 있다.

Ⅲ. 자율적·제도적 권역화를 통한 지역의 추진 주체 형성

1. 필요성 및 배경

초광역협력사업의 모델을 형식적으로 구분하면 지리적으로 인접한 광역시도 간의 협력(혹은 연합)과 지리적 인접성과 무관한 협력이 있다. 기존의 초광역협력사업에는 두 가지 모두 혼재해 있으며 지리적 인접성이 본질적 조건으로 간주된 것은 아니었다. 그러나 기존 초광역 협력사업 모델의 한계를 뛰어넘어 초광역 권역화 및 이에 기초한 지역경쟁력 강화를 균형발전의 새로운 돌파구로 활용하기 위해서는 지리적 인접성의 중요성에 대해 재고할 필요가 있다.

즉 부울경과 같이 지리적으로 인접한 광역시도 간의 행정연합 혹은 다양한 형태의 높은 수준의 거버넌스 구축을 통해 지역의 주체를 형성하는 것이 필요하다. 이 과정에서 과거 MB정부 시기에 5+2광역경제권 전략에서 수행했던 하향식의 권역화는 더 이상 바람직하지 않다는 점을 확인할 필요가 있다.

5+2전략에서는 기존의 관행에 따라 동남권, 대경권, 호남권, 충청권, 수도권 등으로 나누었으나, 각각의 초광역 권역에서 사업을 실질적으로 진행하고 관리할 수 있는 거버넌스 창출에 대해서는 고려가 부족했다. 그리고 진행과정에서 권역화의 공간틀 자체에 대한 문제 제기가 지속되었다. 한 예로 전북도민들은 초광역 권역화에서 호남권으로 묶이는 것에 대해 지속적으로 불만을 표해왔으며, 그 결과 최근 제안된 권역화 모델(3+2+3)에서 전북은 독자적 영역으로 제안되기도 했다. 또한 자치분권이 심화되는 현재의 여건에서 과거와 같은 하향식의 권역화 시도가 성공할 가능성은 더욱 낮아졌다.

따라서 정리하면, 첫째, (초)광역사무를 지속가능한 형태로 추진할 수 있는 초광역 권역 및 추진 주체 형성을 위한 제도와 거버넌스의 구축이 필요하다. 둘째, 최대한 지방의 자율적 결정에 따른 상향식, 제도적 권역화를 유도할 필요가 있다. 한 가지 유의할 점은 과거의 교훈(실패한 초광역 권역화)을 잘못 해석하여 그 반대의 편향으로 기우는 것을 경계해야 한다는 점이다. 이는 다름 아닌 '유연한' 광역권 전략의 유혹이다. '유연한 광역권'이 초광역 권역의 고정화가 아니라 사업에 따라 지리적 범위가 유연하게 변동하는 것을 의미한다면, 이는 사실상 현행의 협력사업 위주 제도를 유지하는 것이기에 큰 변화를 가져오지 못하게 될 것이다. 결정적으로 초광역사업을 지역에서 이끌 수 있는 강력한 주체를 형성하기 어렵고, 궁극적으로 국토공간의 다극체제형성을 위한 지역의 성장거점을 형성하기는 어렵다.

그러하기에 '유연한' 광역권 전략의 용어는 다음의 의미로 사용되는 것이 타당하다. 첫째, 중앙정부에서 하향식으로 결정하지 않는다는 의미이다. 둘째, 모든 사업에 대해 기존의 관습적 지역구분틀(예: 호남권, 충청권, 대경권...)을 획일적, 기계적으로 적용하지 않는다는 의미이다. 셋째, 권역화가 진행되더라도 지역간 협력과 거버넌스 구축 과정에서 권역의 구성과 지리적 범위가 고정 불변이 아니며 변화 가능하다는 의미이다. 넷째, 이러한 과정을 거쳐 종국에는 권역의 지리적 고정화를 목표로 해야 할 것이다. 그래야만 애초에 초광역발전전략의 근본 배경이었던 초광역 권역의 추진 주체를 중장기적으로 형성하고 강화하는 것이 가능할 것이다.

2. 현행 제도

지역에서 초광역협력사업의 추진 주체를 형성하기 위한 기존의 제도적 방안과 관련하여 〈표 9-4〉를 참조할 수 있다. 여기에는 협력사업, 사무위탁, 행정협의회, 자치단체조합 등이 포함된다.

〈표 9-4〉 초광역협력사업의 지역거버넌스를 위해 활용가능한 제도

유형	개념	사례	근거 법령
협력사업	행정업무의 광역성으로 자치단체가 단독으로 처리 곤란하거나, 인적·물적 자원이 부족하고 중복투자가 예상되는 경우, 다른 자치단체와 협력하여 처리	지역간 공동 관심사에 대한 박람회 개최 등 지역 개발 및 상수도 관리 등이 대다수	지방자치법 제147조

사무위탁	업무의 중복방지 등 예산 절감 효과를 높이기 위해 자치단체의 사무 일부를 다른 자치단체에 위탁하여 처리	환경시설에 대하여 인근 지자체와 공동이용이 가능한 분야	지방자치법 제151조
행정협의회	광역계획의 집행, 특수 행정수요의 충족 등을 고려하여 특정 사무의 일부를 공동으로 처리하기 위하여 설치하는 협의기구	권역별 협의회 광역권 9개, 기초권 29개, 기능별 행정협의회54개 (2019년 기준)	지방자치법 제152조, 158조
자치단체조합	2개 이상의 자치단체가 구성되어 하나 또는 둘 이상의 사무를 공동으로 처리할 목적으로 설립된 법인체	경제자유구역청 3개, 관광개발조합 2개, 수도권 교통본부 등 8개 (2018년 기준)	지방자치법 제159조, 164조

출처: 주진형, 2021, 초광역협력 정책기획연구, 2021 국가균형발전 비전회의 자료집.

3. 전략 및 기대효과

〈표 9-5〉 지역의 초광역거버넌스전략

- 전략 1: 특별지방자치단체를 활용한 제도화: 특별지방자치단체의 활용 및 실질적 지원을 위한 추가 입법을 통해 다양한 수준에서 초광역 협력을 위한 장치로 활용
  *「지방자치법」개정(시행 '22. 1. 13)을 통해 2개 이상의 지방자치단체가 공동으로 특정한 목적을 위하여 광역적으로 사무를 처리할 때 법인체로 설치 가능해짐
- 전략 2: 메가시티전략을 통한 산업-공간 권역화: 초광역 사무의 핵심이자 선결 과제를 산업(초광역 산업생태계)-공간(광역교통 인프라) 전략
- 전략 3: 행정통합을 통한 거버넌스 단일화
  *대구경북, 광주전남에서 행정통합이 장기 과제화되면서 사실상 무의미해짐

위 내용처럼 2021년 초만 하더라도 세 방안으로 범주화하는 것이 유력했지만 행정통합안이 중장기과제로 변화하는 현재 조건에서 특별

지방자치단체와 메가시티전략만이 유의미하다고 볼 수 있다. 특히 특별지자체와 같은 제도화를 통해 일회적 협력사업의 한계를 넘어 초광역 권역에서 지속가능한 거버넌스를 구축함으로써 인사권, 예산집행권 등의 확보를 통해 실질적 집행력을 강화하고 권역의 형성을 가능케 할 것이다.

그리하여, 두 가지 형태의 지역의 초광역 주체형성의 흐름이 나타날 것이다. 이 둘은 강조점이 다르지만 서로 배타적인 방향은 아니며 동시에 진행될 수 있다. 따라서 실질적으로는 '① 특별지방자치단체 설치+메가시티전략, ② 특별지방자치단체 설치없이 메가시티전략'의 두 전략으로 나누어질 것이다. 부울경과 같이 참여 광역시도의 동의 수준이 높은 권역에서는 쉽게 ① 전략으로 향하고 있지만, 이해관계와 입장의 다양함으로 인해 쉽게 특별지자체 설치로 나아가지 못하는 권역은 ② 전략을 택하게 될 것이다. 이 경우에도, '자치단체조합' 등은 상대적으로 낮은 수준의 제도적 협력을 적극적으로 활용하는 것이 필요하다.

특별지방자치단체나 그에 준하는 높은 수준의 거버넌스 형성이 수반되지 않은 메가시티전략은 '산업-공간' 전략 패키지가 중심이 될 것이다. 이것이 실효성을 가지기 쉽지 않기 때문에 부울경은 당연히 '동남권 광역행정연합'과 같은 특별지자체를 통해 전략을 실행하고자 한다. 충청권의 경우 지난 1년간 충청권메가시티의 주력의제로 광역교통망구축을 위해 지속적으로 협력해 오고 있으며, 올해 한해 동안 추가적인 협력사업을 진행한 후 2023~24년에 특별지방자치단체의 설치를 목표로 협력을 강화하고 있다. 특별지자체설치에 대해 원론적으로 동의가 이루어진 상태이지만 4개 시도의 이해관계가 다양하여 실제 진행과정에서는 많은 어려움이 예상된다.

다시 정리하면 행정체계 조정(개편)뿐 아니라, 행정체계-산업전략-공간(권역)전략의 '삼각축'을 통해 권역화를 이해하고 초광역 권역의 추진 단위/주체를 형성해야 한다. 그리고 행정체계 통합이 궁극적 목표이자 완성태일 수 있지만 과정을 어떻게 설계하는가가 더 중요하다.

Ⅳ. 협력 '사업'에서 계획관리 및 조정 체계로

1. 필요성 및 배경

초광역전략의 중요 부분인 지역발전투자협약의 모델은 프랑스의 계획계약이며, 이 용어는 많은 핵심적 내용을 담고 있다. 즉 개별사업을 넘어 지역의 계획이 계약(협약)의 최종적인 대상이라는 의미이다. 초광역 협력이 '사업'의 한계를 뛰어넘어 실효성 있는 균형발전 전략으로서 초광역 권역의 실질적 경제사회적 강화를 가져오기 위해서는 국가와 지역의 지속가능한 '계획'으로 반영되어야 하기 때문이다. 그러나 프랑스의 계획계약은 우리나라에 도입되면서 협약으로 명칭이 바뀌고, 더 중요하게, 계획이라기보다 사업을 대상으로 한 협약으로 중요성이 낮아졌다. 향후 지역발전투자협약을 본격 시행함에 있어서 이점을 가장 중시하여 본래의 문제의식을 회복시켜야할 것이다.

중앙과 지방(초광역 권역)의 계약을 통해 계획에 반영한다고 할 때 이는 원론적으로 중앙정부와 지방 양자 모두에 해당되는 이야기이다. 즉 초광역(사업) 계약을 통해 확정된 내용들을 초광역 권역의 (도시/지역)계획에 반영하는 것이 필요할 뿐 아니라 중앙부처는 초광역 권역과 합의된 내용들을 국가 수준의 계획에 반영해야만 한다. 즉 공간(교통)인 프라 계획, 산업발전계획, 국토계획, 교육계획 등 다양한 정부의 국가계획은 초광역발전계획과 내용적으로 충돌하지 않도록 충분히 조정 과정을 거쳐 수립되어야 할 것이다. 간단히 말하면, 초광역발전전략을 국가전략으로 내재화함으로써 국가계획과 지역계획이 상호침투/영향/조정받는 시스템을 구축하는 것이 필요하다. 프랑스 사례를 보면 계획개혁법(1982)에 따라 레지옹은 계획권한을 획득하였고, 프랑스 국가계획과 레지옹 계획을 조율할 필요성이 대두되었다. 이에 국가-레지옹 계획계약(CPER: Contrat de Plan Etat-Region)제도가 도입되었다.

2. 현행제도

형식적으로 도시(기본)계획, 지역발전계획의 수립 권한이 지방정부에 이양되었으나 국토부 등 중앙부처의 힘으로부터 자유롭지 않다. 또한 현재 국토종합계획수립 절차에서 지방정부의 계획이 반영되거나 서로 조정되고 있다고 보기 어렵다. 완성된 국토종합계획에서 국가계획과 각 지방의 계획은 서로 분리되어 있으며, 상호관계를 통해 수립된다기보다는 국가계획에 대해 지방계획이 종속적이며 부가적인 방식이라 볼 수 있다.

3. 기대효과

'계획'이 협약의 대상이 되어야 실질적 분권화가 가능하고, 지역 주도성의 근거가 마련될 것이다. 계획이 아닌 사업 중심으로 가게 되는 경향이 계속 나타나는 것은 기존의 시스템을 근본적으로 개혁하지 않고 '추가적으로' 용이하게 집행할 수 있기 때문이며 이는 사업의 중복과 세금 낭비를 피할 수 없게 된다. 즉 협약의 주체인 지역(초광역권)은 초광역발전계획과 정합성을 갖도록 협약사업의 내용을 구성하고 선정해야 한다. 이 과정에서 선정된 협약사업의 성과가 지역생태계에 녹아들고, 지역의 경쟁력을 실질적으로 강화할 수 있는 기반이 만들어질 것이다.

궁극적으로 초광역전략은 균형발전을 위한 지방의 전략일 뿐 아니라 국가전략의 일부로 구상되어야 한다. 과거 권위주의 시대와 달리 더 이상 국가 차원의 계획을 하향식으로 내려보내는 방식이 효율적이지 않기에, 다양한 공간 스케일에서의 계획(기초-광역-중앙정부의 계획) 간에 조정을 통해 상호연계성을 확보하는 것이 갈수록 중요해진다. 이를 계획관리의 '스케일링(scaling)'이라 부를 수 있을 것이다. 중앙정부의 관점에서는 중앙의 계획이 어떻게 지역에서 원활하게, 지역의 자생적 동력을 형성하면서 작동하게 만들 것인가에 대해 고민할 필요가 있다. 즉 국가경쟁력 강화를 위해 반드시 필요하며 프랑스의 계획계약제도를 이 같은 관점에서 평가하고 도입할 필요가 있다.

V. 중앙과 지역주체간 연계

초광역 권역화 및 관련 사업의 중앙과 지역의 추진 주체를 연계할 수 있는 다양한 방법이 제안되고 있지만, 가장 대표적인 것은 광역(경제)청, 통합광역청, 광역개발청을 생각할 수 있다. 이들 기관의 역할에 대해 이견이 크게 존재한다. 광역청의 설치를 긍정적 관점에서 평가하는 입장에서는 '광역청(혹은 중앙정부를 대표할 수 있는 지역의 파트너)-권역의 추진 주체(특별지방자치단체)'의 조합을 이상적 모델로 간주하기 때문이다. 즉 초광역 권역별로 설치되는 (가칭)통합광역청은 프랑스의 관선지사처럼 정부부처의 조율된 입장을 대변하면서 초광역 권역 주체와 대등한 협상의 파트너로 역할을 할 수 있다면, 초광역 권역화와 관련 사업을 지원하는 강력한 우군이 될 것이다.

그렇지만 많은 이들은 위와 같은 전망이 지나치게 이상적이며, 통합광역청이 현실적으로 우리 여건에서 중앙정부의 통제가 하향식으로 전달되는 연결고리가 될 가능성이 크다고 보기 때문에 반대하는 것이다. 따라서 이같은 관점의 차이가 지속된다면 통합광역청 설치의 가능성은 낮을 것이고, 이 경우 통합광역청이 담당할 역할은 새롭게 구성된 범부처 추진기구(혹은 강화된 균형위)의 사무의 일부로 함으로써 해결할 수 있을 것이다.

VI. 예산

중앙정부와 지방정부가 어떤 사업을, 어떤 재원으로 할 것인가에 대해 합의하는 것이 핵심이며, 합의된 다년간의 재원조달안은 각각 중앙과 지방에서 승인절차를 거치게 될 것이다. 재정분권 진전과 중앙과 지방 간 재원분담 비율은 재정분권의 진전과 함께 지속적으로 조정될 것이다. 장기적으로 중앙-지방 간 협력사업의 계약시 총 재원의 50:50이 가능해지는 수준까지 재정분권화를 진행하는 것이 바람직하다. 현행 제도로는 지방정부가 이를 감당하기는 어렵다. 이러한 맥락에서 "분권없이 수평적 관계에 의한 계약은 힘들다".

프랑스의 경우 1차 CPER(1984~1988) 전체 협약액 10억 6,500만 유로(약 1조 4천억 원)에서 중앙정부와 지방정부가 절반 정도를 분담하였으며, 국가산업의 영토적 구조조정, 국가 기간도로망 건설에 초점을 두었다(김찬준, 2019 참조).

한편 지역 및 사업에 따라 차별화된 비율을 적용할 수 있으며, 이는 지역격차 완화의 효과를 갖도록 섬세하게 정책화할 필요가 있다.

정부가 작년 발표한 「초광역협력 지원전략(관계부처합동)」에서 재정지원체계구축을 중시하여 다루고 있는데, 먼저 심사(조사)면제 및 기준완화가 있다. 초광역권역의 교통인프라구축을 위해 필요한 SOC사업 예비타당성 대상기준 상향조정 추진, 초광역협력사업에 대한 지방재정투자심사 면제(또는 신속지원)등을 제안하고 있다. 이와 함께 "초광역협력사업군(지역지원계정)"으로 초광역협력사업을 관리하여 지원하겠다고 밝혔다. 이는 앞으로 별도의 초광역협력계정으로 신설하여 발전시킬 필요가 있다. 그리고 현재 부울경 등 지방의 초광역협력사업이 정부에 대해 일방적으로 재정지원을 요청하는 방식으로 나타나고 있는데 장기적으로 수평적 관계로 가기 위해서도 재정분권이 지속적으로 확대되어 지방의 재정분담여력이 커지는 것이 과제라고 할 수 있다.

VII. 맺음말

지금까지 초광역권 전략의 개요를 간단히 정리해 보았다. 네 개의 핵심요소(협약, 중앙주체, 지방주체, 계획)를 중심으로 중앙-지방간 연계, 예산 등을 추가하여 향후의 초광역협력을 지원하기 위한 정부의 추진전략이 어떻게 전개되는 것이 좋을지에 대한 견해를 밝혔다. 이 글은 다른 챕터와 마찬가지로, 정책기획위원회의 TF보고서에 기초해 만들어졌으며, 그 초안은 2021년 초에 작성된 것이다. 따라서, 최근 1~2년 동안 급진전되고 있는 초광역권 논의와 초광역협력지원에 대한 많은 구체적인 상황들을 충분히 담아내고 있지는 않다. 그리고 구체적인 제도적 개선방안을 제시하는 것뿐만 아니라 전략의 전체적인 방향이 어디로 가야 하는지, 초광역권 강화라는 초점을 잃지 않는 것이 중요하다. 이러한 측면에서 초광역권전략, 초광역권육성, 초광역협력지원의 조금씩 다르게 사용되는 용어들의 차이가 무엇을 의미하는지를 간단히 언급하면서 글을 마무리하고자 한다.

잘 알려진 대로 정부의 「초광역협력 지원전략(2021.10.14.)」는 같은 해 4월부터 시작된 '범부처 메가시티지원 TF활동의 산물이다. 이는 문자 그대로 지자체간의 자발적 협력을 정부가 지원한다는 의미가 강하게 표현된 것이다. 문재인 정부기간 계속 '강조된 분권형 균형발전', '지역주도 균형발전'의 전체적인 흐름과도 어쩌면 잘 어울린다. 그럼에도 불구하고, 자칫 이러한 관점 -'지역주도'에 대한 추상적인 강조-은 중앙정부의 균형발전에 대한 적극적인 역할과 의지를 약화시키는 예상치 않은 결과를 초래할 수도 있다. 이를테면, '지역이 창의적인 아이디어를 토대로 실행가능한 완성도 높은 계획'을 가지고 오면 적극적으로 지원하겠다는 중앙부처의 관점은 지역에게 상당히 어려운 과제를 안겨주면서, 결국은 중앙부처의 심중과 척도를 헤아리는데 집중하도록 한다. 이런 상황에서 중앙-지방의 불균형은 시정되기 보다는 오히려 강화될 가능성이 크다.

다극체제형성을 위한 초광역권 형성은 균형발전(정책)의 새로운 패러다임으로 진화할 필요가 있다. 초광역협력의 성과가 지역의 강화로 이어지고 수렴될 수 있도록, 초광역권역의 공간단위형성 및 거버넌스 운영주체에 대해서 보다 적극적인 태도가 필요하다. 상향식 권역화에 대한 다양한 실험을 적극적으로 할 필요가 있다. 먼저 실험을 시작한 부울경의 사례를 적극적으로 검토하여, 정부는 국가적인 초광역권 육성전략을 수립해야 한다. 본고의 제목-중장기 초광역전략개요-은 이러한 함의를 담고 있다. 지원을 넘어서 추진전략의 큰 그림이 필요하다. 분권형 균형발전의 의제는 여전히 유효하다. 그러나 '분권형 균형발전'을 실현하기 위한 정부의 과제를 더 적극적으로 도출해야 할 것이다.

| 참고문헌 |

김찬준 외, 2019, 한국형 지역발전 투자협약모델연구, 산업연구원

박경현 외 2021 "국토균형발전을 위한 초광역연계 발전전략", 국토정책
　　　 brief no,821

정준호 이일영 2017, 분권형 발전을 위한 지역연합전략: 영국 사례의 검토
　　　 와 한국에의 적용

주진형, 2021, 초광역협력 정책기획연구, 2021 국가균형발전 비전회의 자
　　　 료집

관계부처 합동, 2021. 10. 14「초광역협력 지원전략」

제10장

(초)광역화의 공간 구상

정준호 강원대 부동산학과 교수

진종헌 공주대학교 지리학과 교수

Ⅰ. (초)광역화의 필요성

(초)광역화(regionalization)는 로컬 행정단위와 역량의 재편을 의미하는데, 이는 행정구조와 기능지역 간 규모에 대한 긴장을 수반한다. 일반적으로 초광역화는 기존 행정 또는 정치·경제적 제도가 효과적으로 작동할 수 없는, 즉 임계 규모에 못 미치는 파편화된 시스템에 대한 문제 제기이다. 따라서 행정 전달 체계가 이러한 상황에 대처할 수 있는 충분한 유연성과 역량을 갖추는 것을 목표로 삼는다. 이를 위해 조직과 행정 경계를 넘나드는 성공 요인들을 파악하는 것이 유용하다.

예를 들어, 덴마크의 2007년 구조개혁은 1계층 지자체 간의 통합을 통해 지자체의 규모 확대를 추구했다. 그 결과 기초지자체 수는 271개에서 98개로 축소되고, 16개 카운티는 5개 광역지역으로 대체되었다. 행정구역의 규모를 늘리는 이러한 개혁을 단행한 이유는 광역정부가 공공·보건 서비스 제공에 집중하여 이에 대한 효과성을 높이기 위해서이다. 이러한 행정구역 통합이나 조정을 통해 행정구역과 기능지역

간의 불일치를 조정할 수도 있지만, 그 외에도 다양한 방법들이 존재한다. 예를 들어, 공통의 논의 플랫폼, 특정 정책 영역에서의 특정 조정기구(예: 교통) 등이 있다(OECD, 2010).

(초)광역화의 공간 구상은 선호의 다양성, 규모의 경제, 외부 효과, 혼잡효과, 의사결정 비용의 정도에 따라 상이하고, 이는 개별 국가의 역사적, 정치적 상황에 따라 복잡한 양상을 띤다. 역사와 사회적 통합, 정체성, 그리고 국토 공간의 효율적 이용과 연계라는 측면에서 광역권 구상이 제기될 수 있다. 그리고 중앙과 지방정부 간, 즉 상이한 규모를 갖는 정부 수준 간의 견제와 균형도 민주주의 심화를 위한 필수조건이고, 이는 보충성, 책임성, 투명성, 민주성 등의 원리에 기반해야 한다. 따라서 (초)광역화는 로컬과 중앙을 연계하는 중간 단위의 공간 규모로 자리매김될 수 있다.

상이한 공간 규모에 따라 상이한 역할을 담당하는 것이 일반적이다. 일반적으로 기초단위는 접근성(proximity) 기반 서비스를 제공·관리하는 반면 상위의 광역단위는 확산효과(spillover effects)가 광범위한 영역(예: 보건·의료, 고등교육·혁신, 교통, 경제발전 등)을 담당한다. 공간 규모에 따른 업무 분담에 대한 일반적 기준이나 가이드라인은 없지만 EU의 사례를 통해 그 일반적인 추세는 가늠해 볼 수 있다(OECD, 2010). 예를 들어, EU 국가의 경우에 환경 관련 업무(수자원, 쓰레기, 도로, 도시계획)는 로컬 수준에서 관리되고, 이 영역에서 지방정부의 지출 규모가 전체 정부지출의 75%를 차지한다(Dexia, 2008). 반면 경제개발, 문화, 관광의 경우 중앙과 지방이 상호 공유 또는 동일하게 분담하고, 지방정부의 지출 규모가 이 분야에서 증가하는 추세다(OECD, 2010).

OECD 국가의 경우 광역단위는 전략적인 지역계획과 전략을 주도적으로 입안·실행하고, 공간계획도 토지이용과 물리적 투자를 넘어 그 범위를 확대하고 있으며, 이 과정에서 공간계획과 경제계획이 통합 되고 있다. 광역단위 기능은 경제발전과 계획 외에도 많은 지역에서 보건, 교육 등의 분야를 담당하고 있으며, 특히 보건 분야가 두드러진 다(〈표 10-1〉 참조).

〈표 10-1〉 분권화된 광역단위의 기능: OECD 국가의 경우

국가	명칭	계획	경제발전과 계획외의 주요 기능
체코	지역(kraje)	-	사회서비스, 보건, 지역교통
체코	결속지역		-
칠레	지역	지역발전전략	-
덴마크	지역	지역발전계획, 기업발전전략(성장 포럼)	보건
핀란드	지역	지역계획, 지역전략 프로그램	EU 기금 관리
프랑스	지역	지역영역계획마스터플랜, 지역경제발전마스터플랜	-
노르웨이	카운티	지역계획, 지역전략	고등학교, 지역발전(주요 도로, 지역기업 발전, 초고속망, 지역 R&D 등)
폴란드	지역	지역공간발전계획 ('10년 이후)	보건, 고등교육, 노동시장 정책
슬로바키아	지역	경제 및 사회발전계획, 공간계획	-
스페인	지역	-	보건, 교육, 공공사업(토목), 농업, 관광
스웨덴	지역/카운티	지역발전프로그램, 지역성장프로그램	보건
스위스	칸톤	10개년 공간발전계획, NRP를 위한 4개년 실행계획	교육, 보건

출처: OECD(2010).

II. 기존 (초)광역권 구상

참여정부 말기 국가균형발전의 새로운 구상으로서 초광역권 중심의 균형발전이 2006년과 2007년에 제안되었다([그림 10-1] 참조). 2006년에는 4대 초광역권 구상(수도권, 영남권, 충청권, 호남권)이었으나 2007년 5대 초광역권 구상(영남권을 대경권과 동남권으로 분리)으로 바뀌었다.

이명박정부 시기 광역경제권과 초광역개발권이 2008년 제안되었다. 남북교류·접경벨트, 서해안 신산업벨트, 남해안선벨트, 동해안에너지관광벨트 등의 초광역 개발권과 기존 5개의 광역권에다 강원과 제주의 5+2 광역경제권이 제안된 바 있다. 광역경제권 지역발전 전략이 추구되었지만 그다지 성과는 없었다.

[그림 10-1] 역대 정부의 광역 또는 초광역 공간 구조

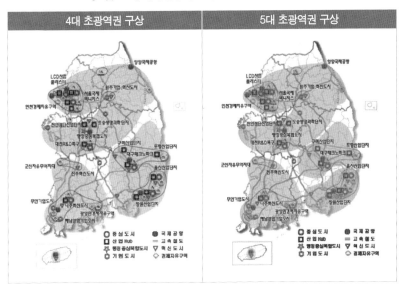

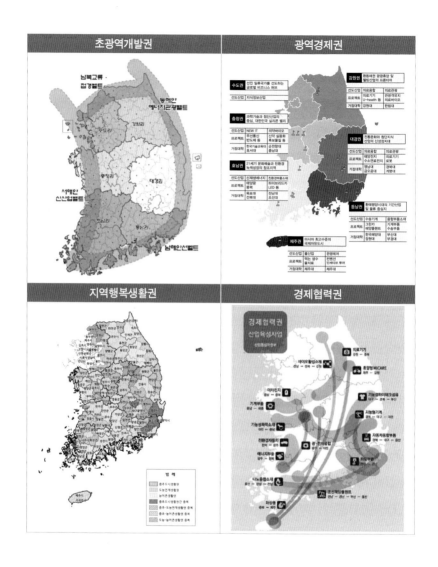

　　박근혜정부 시기에는 지역행복생활권과 경제협력권이 제안되었다. 지역행복생활권은 자발적으로 광역시·도의 경계를 넘어서는 시군구 단위로 구성되고, 경제협력권은 인접한 지역이 아니더라도 기능적으로 연계·협력하는 안을 담고 있다.

최근 동남권 메가시티 구상과 대구·경북 행정구역 통합 논의가 자발적으로 진행되고 있다. 이는 수도권 집중이 가속화되면서 지역에서 자발적으로 이러한 논의가 진행되고 있다는 점에서 기존의 (초)광역권 구상과는 다르다.

Ⅲ. 초광역화 공간 구상의 고려 요인 및 적정 공간 규모 설정

(초)광역화의 공간 구상에서 중시되어야 하는 고려 요인은 기능과 권한의 외부효과의 공간적 범위, 역사와 사회적 통합 및 정체성, 민주주의의 제고, 그리고 국토 공간의 효율적 이용과 연계 등이다. 즉 효율성(경제적 외부효과), 민주성(주민 요구의 수렴과 참여), 통합성(역사적으로 형성된 주민정서 및 자연지리적 조건), 균형성(역내 또는 다른 지역과의 지리적 인접성과 유기적 연관성)을 꼽을 수 있다(박기춘, 2009; 구동회, 2010). 최근의 부울경 메가시티 구상이나 대구·경북의 행정구역 통합 논의, 3+2+3 구상 등은 대략 1970년대와 1980년대 초반의 행정구역 체계로 되돌아가는 것으로 볼 수 있다. 이러한 공간 구상은 기존 역사성과 정체성, 국토 공간의 유기적 연관과 지리적 인접성, 주민 의견과 정치적 동원 등의 요인들을 일정 정도 반영하고 있다.

(초)광역화 공간 구상에서 가장 중요한 고려 요인은 공간적 근접성이고, 이는 (초)광역화의 적정 공간 규모를 좌지우지한다. 이를 설정하기는 쉽지 않으며, 역사적 맥락과 주민의 의견 등에 따라 그 규모가 상이하고 교통과 통신기술의 발전에 따라 가변적일 수 있다. 주지하는

바와 같이, 공간경제의 변화를 추동하는 핵심 변수로는 공간 상의 거래비용인 정보(전송)와 교통비용 변화이며, 일반적으로 교통과 정보통신의 발달로 공간의 중요성이 점차로 감소하고 있는 것으로 보인다. 즉 정보통신기술의 발달로 공간 상의 조정 능력이 향상되었으며 지역 간의 실질적인 소통 비용이 절감되었다는 것이다

다른 한편으로, 정보통신기술의 발달에 따라 공간 상의 정보전송 비용이 증가하고 있다는 주장이 있다. 암묵지(tacit knowledge) 특성이 있는 정보를 전달하기 위해서는 대면 접촉이 필요하고, 이와 관련된 기회비용과 지역 간의 사업비용이 증가하기 때문에 공간적 집중이 지속되고 있다. 다양한 상품에 대한 수요 증가에 따라 이를 배송하기 위한 물류 서비스가 다양화되고 있으며, 배송 시간의 감소와 연관된 리드타임(lead-time)의 기회비용이 증가하고 평균 재고수준이 감소하고 있어 제품 탁송과 관련된 지역 간의 거래비용이 증가하고 있다는 것이다(정준호 외, 2004).

최근 다양한 집적지 간의 기능적·공간적으로 연계된 대도시권(city-region)이 경쟁력의 요체로 각광받고 있다. 광역 단위의 지역을 전략적 단위로 설정하고 지속가능한 경제권을 형성하여 세계화와 지방화의 거센 압력에 대응하고자 하는 노력이 나타나고 있다. 예를 들어, Ohmae(1995)는 세계화 시대 개방경제하에서 지속적인 경제발전을 유지하기 위해 4C(Communication, Capital, Corporation, Consumer)가 순환하는 500~2,000만 인구 규모의 경제권을 형성하는 것이 필요하다고 제안한 바 있다. 이러한 사고는 기본적으로 지역의 경쟁력 담론인 지역혁신 체제의 적정 공간 규모는 "신뢰와 협력이 구축되어 대면접촉이 가능할 수 있는 규모와 범위의 경제가 향유될 수 있는 규모가 큰 공

간"이라는 주장에 입각(Amin and Thrift, 1994)하여 있다. 지역혁신체제의 논의를 주도한 Cooke(2003)은 상호작용적 학습의 적정 단위, 규모의 경제, 정책 요소 등을 고려하여 스페인처럼 자율성을 가진 지역공동체로서 연방국가의 주(州) 또는 도(道)가 지역혁신 체제 구축의 적정 공간 수준이라고 제안했다.

일정한 광역권 내에서 노동시장의 유연성과 지역 간 노동력 이동성의 증대, 각종 인프라, 공적 설비, 전문사업서비스 등과 같은 자원의 공유, 공간 거래비용의 감소와 기업 간 정보의 효율적인 교환 등과 같은 규모와 범위의 외부경제를 향유 가능할 수 있다(정준호 외, 2004). 그렇다면 이러한 최적 규모의 공간 규모가 엄밀하게 제시될 수는 없지만 경험적 사실로서 제시될 수는 있을 것이다.

혁신 활동의 공간적 외부효과의 범위에 관한 경험적 연구에 따르면, Anselin et al.(2000)는 미국 대학연구의 지식 확산 효과에 따른 공간적 외부효과를 추정하기 위해 50mile, 약 80km 내외의 거리 구간을 사용하는 공간가중행렬을 사용했으며 통계적으로 유의한 결과를 보고했다. Rice et al.(2006)은 영국을 사례로 생산성과 공간적 근접성 간의 관계를 통계적으로 추정하였으며, 그 근접성의 대리지표로 시간거리를 사용한 결과 80분을 넘어설 경우 공간적 근접성이 생산성에 기여한 정도가 급격히 감소하고 있음을 보여주었다.

정준호(2007)는 한국의 혁신 활동의 공간적 결정요인에 관한 연구에서 공간적 외부효과가 주로 대략 90km 내외의 거리 구간 내에 집중되어 있다는 것을 보고하고 있다. Batten(1995)은 개인이 평균적으로 하루에 1800년대 20km에서 1990년대 35km를 이동할 수 있게 되었으나, 시간 거리는 약 1시간 내외에서 변하지 않았다고 주장하고 있다.

따라서 대략적으로 시간 거리상으로 1시간 내외의 시간 이동 거리가
지역 간 연계와 그 공간적 범위를 좌지우지한다는 것이 경험적 사실이
라 할 수 있을 것이다.

[그림 10-2] 경제적 연계와 외부효과에 의한 초광역권 공간 규모 설정(예시)

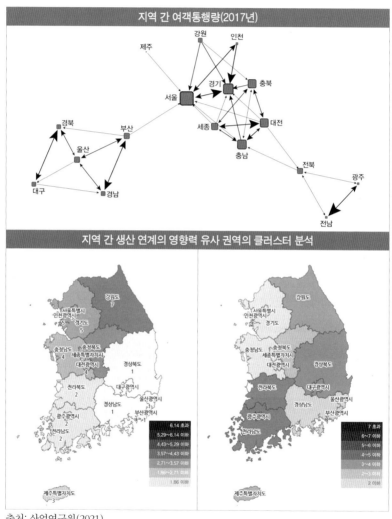

출처: 산업연구원(2021).

규모와 범위의 경제를 동시에 만족시키는 방법은 일정한 광역권 내 지역중심지 간의 기능적 보완성에 기초한 교역과 상호작용의 증대, 즉 네트워크의 형성을 통해 경제(산업) 규모와 다양성의 우위들을 확보하는 것이다(정준호 외, 2004). 물론 주민의 의견, 정치적 요인, 역사성과 정체성 등에 따라 공간 규모는 가변적이라는 것을 명심할 필요가 있다.

산업연구원(2021)은 경제적 효과에 기반한 광역권 적정 규모를 보여주고 있다. [그림 10-2]에서 보는 바와 같이 지역 간 여객통행량에 기반한 초광역권 규모는 기존의 5대 광역권 기반으로 나타난다. 시도 지역의 생산 변화로 인해 유사한 수준의 경제적 효과를 공유하는 비수도권 권역은 수도권과 제주를 제외하고 5개 또는 7개 권역으로 구분되고 있다. 이러한 연구 결과는 기존의 5+2 또는 3+2+3 등과 유사한 결과를 보여준다.

Ⅳ. 단계별 초광역 권역화 전략

단계별	목표	핵심 내용	거버넌스
1단계: 권역화 준비 (2021~2023)	- 초광역 산업생태계 구축 전략을 통해 강력하게 초광역 권역화를 유도	- 권역별 핵심산업/전략산업 선정 - 권역별 공간(인프라)정책 수립	- 초광역 권역의 상향식 구축 - 조정 및 지원을 위한 범부처 추진기구의 출범
2단계: 권역화 (2023~2026)	(5+2)를 대체하여 구성된 초광역 권역에 기반하여 권역경쟁력 강화	- 권역별 핵심/전략산업 지원 - 권역별 공간정책강화 - 공간+산업전략+(대학)교육체계개혁+산학연계에 기초한 혁신생태계 전략수립 및 실행	- 특별지방자치단체 등을 통한 초광역 권역의 제도적 안정화 - 범부처추진기구의 역할 강화

단계별	목표	핵심 내용	거버넌스
3단계: 행정체계 개편 (2027~2030)	- 강화된 경쟁력에 기초하여 초광역 지방정부 설치	- 산업+교육+문화(복지)의 초광역단위 마스터플랜 수립 및 추진	- 행정 및 재정분권에 기초한 초광역 기반 분권균형국가

V. 1단계 전략(예시) : 권역화 준비 단계(2021~2023)

초광역전략은 향후 균형발전정책의 큰 방향성과 깊이 관련되어 있고, 핵심 키워드가 될 것으로 예상된다. 미래 두 번의 정부통치 기간인 10년을 기준으로 3단계에 이르는 단계별 초광역(권역화) 전략을 구상해 볼 수 있다. 참여정부에서 시작하여 문재인 정부에 이르기까지 20년간 정부정책의 중요한 기조로서 균형발전정책이 실행되었는데 이의 공과에 대한 평가에 기초하여 새로운 '분권형 균형발전'전략 및 정책의 수립이 필요함을 앞부분에서 근거와 함께 상세히 밝혔다.

초광역전략을 권역화를 중심으로 제안하는 이유는 과거 5+2광역경제권 전략에 대한 평가에 기초하여 '① 지방에 균형발전의 강력한 거점과 생태계를 창출하기 위해서는 (초광역) 권역화가 필요하되 ② 하향식의 권역화 모델을 지양해야 한다는 명제에서 출발한다. 즉 지역의 자발성과 동력에 기초한 상향식의, 단계적인 권역화에 기초한 초광역 전략을 현실화하기 위해서 긴 호흡이 필요하다고 판단된다. 권역의 고정성 없이는 균형발전전략으로서 초광역 사업의 의미는 크지 않다

지난 20여 년간 초광역 전략은 핵심이 '공간+산업' 패키지 접근임은 많은 이들이 동의해왔다. 단계별 권역화전략 또한 이러한 관점에서 구성되었으며, 1단계(권역화 준비기)는 ① 초광역 공간(교통) 인프라의 구

축과 ②권역별 핵심/전략산업의 선정이며, 2단계(권역화)는 '공간+산업' 패키지 구성에 기초한 혁신생태계 구축 및 활성화 전략(대학교육체계 개혁과 결합된 RIS기반 구축)이고, 3단계(행정체계 개편)의 과제를 '공간+산업' 기반을 확장하여 사회문화 분야의 초광역 정체성 수립 및 경쟁력 강화로 설정하였다. 현재 부울경과 충청권 등 몇몇 초광역 권역에서 권역연계 강화를 위한 교통인프라 구축의 필요성에 집중하는 것은 1단계의 주요 과제로서 의미가 있다. 권역화는 1단계와 2단계에 걸쳐 지속적으로 구체화될 것이다. 적어도 2단계의 진행과정에서 권역화의 구체적 짝짓기 윤곽이 드러날 것이다.

1단계(권역화 준비기)의 목표는 초광역 산업생태계 구축전략을 통해 강력하게 초광역 권역화를 유도하는 것이다. 방식은 앞서 설명한 것처럼 상향식으로 진행하는 것이 필요하다. 정부가 하향식으로 권역을 구분할 경우 이명박정부 5+2의 재판이며 지역 주도성에 기초한 지속가능한 체계를 만들기 어렵게 될 것이다. 그러나 상향식이라 해서 중앙정부의 적극적 역할이 필요 없다는 의미는 아니다. 2022년 상반기 현재 시점의 상황 역시 그러하다.

동남권(부울경) 초광역권은 이미 권역이 어느 정도 고정된 상태로 가장 앞서 나가고 있지만 타 권역은 아직 공간적인 범위가 유동적이며, 초광역 권역의 거버넌스에 대한 동의 또한 낮은 수준에 머물러 있다. 중앙정부는 법제도적 개입을 통해 동남권뿐 아니라 타권역 또한 초광역권역협력의 비전과 계획을 가질 수 있도록, 즉 권역간 갭을 줄이는 것을 목표로 권역협력의 제도화를 유도할 필요가 있다.

1단계의 두 가지 핵심 내용은 다음과 같다.

① 권역별 공간(교통 및 연계 인프라)정책 수립

② 권역별 핵심산업/전략산업 선정

현재 부울경과 충청권 등 잠재적 초광역 권역에서 1차적으로 요구하는 것이 초광역 권역의 내부 연계 강화를 위한 권역 내 공간인프라 정책에 대한 것이다. 충청권 메가시티의 경우 1호 사업인 충청권광역철도망 관련 사업이 권역 4개 시도의 동의하에 진행되는 거의 유일한 대형사업이다. 다른 권역 또한 대체로 권역 내부 연계 강화를 위한 교통인프라정책으로부터 시작하는 경우가 많은데 이는 타국의 사례를 볼 때 자연스럽다.

권역내 공간(연계)전략의 강조는 (단일)거점 위주의 초광역권(혹은 단일거점 대도시권)에 대한 관점과 대비하여 이해하는 것이 필요하다. 단일거점 위주의 관점은 5+2 등 과거 우리가 초광역 권역을 사고했던 방식이며, 이것이 또한 완전히 잘되었다고 말하거나 폐기해야 할 관점이라고 보기는 힘들다. 동남권의 중심을 부산으로, 호남권의 중심을 광주로 간주할 때 이는 현재도 자연스러워 보인다. 그리고 지금도 많은 부처의 (초광역) 주요 사업이 암묵적으로 이러한 관점에 서 있다. 예컨대 국토부의 도심융합특구 사업 역시 초광역사업으로 시작된 것은 아니지만, 진행과정에서 4대 초광역권의 거점도시에서 진행되는 방식으로 나타나고 있다.

단일거점기반 초광역권 접근의 장단점이 있지만, 무엇보다도 1개의 중심 대도시에 핵심 기능이 집중되어 다른 지역을 소외시키고 초광역권역 내 중심-주변의 격차를 심화시키는 것이 가장 큰 단점이다. 5+2 체제에서 호남권의 전주(혹은 전북)의 불만이 큰 것은 자연스러운 반응이다. 거점 위주의 접근과 달리 새로운 초광역 접근에서는 초광역 권역 내 여러 개 거점도시들을 특화 발전시키고 도시들 간 연계성을 강화하고자 하며, 이같은 점에서 권역내 연계교통망강화는 중요한 의미를 갖는다. 그럼에도 불구하고, 초광역권역내 최대거점도시 즉 부산이나 대전의 구심점 역할은 여전히 중요할 것이다. '단일거점모델'을 '다거점연계모델'이 완전히 대체한다기보다 양자의 조합모델이 현실적이다.

자연스럽게 첫 단계의 주요 사업으로 간주되는 교통인프라와 달리 권역별 산업특화전략의 실행을 위해서는 상당한 진통이 수반되는 논의와 결정이 필요할 것이다. 초광역전략의 주요 전략으로서 동의가 완전히 이루어졌다고 보기도 힘든 상태이지만 현재 유력한 수단으로 간주되고 있고 이 책에서도 산업전략의 핵심 내용으로 제안하고 있다(산업전략 참조). 정부가 권역화 및 지원에 필요한 권역의 합의 및 계획의 구체화 수준에 대한 가이드라인을 제시하고 충족한 권역에 대해 우선 1차적으로 '포괄보조' 방식으로 지원을 시작한다.

권역화–핵심산업–전략산업 모델은 범정부/범부처 차원의 동의 및 협력체계를 전제한다. 5+2를 극복하는 것은 없애는 것이 아니라 상향식으로 권역을 구성하는 것이며, 그 결과는 3+2+3, 5+3(현재로서는 가능성이 상대적으로 높음)등이 될 수 있다.

(실행 방안)
① 총리실 산하에 범부처 초광역 추진기구 (권역별 전략/핵심산업 패키지의 범부처 차원 집행관리)를 구성
* 핵심산업: 초광역권 대표산업(1개 분야)

* 전략산업: 17개 광역시도 대표산업 (초광역 기준 3~4개 분야)

②제도적으로 강화된 균형위가 초광역추진기구의 역할을 수행

③(현행) 국무조정실장 주재로 범정부초광역 지원협의회 구성. 7개 부처(기재부, 교육부, 과기부, 행안부, 산업부, 국토부, 중기부), 자치발전비서관, 균형위 기획단장, 부울경합동추진단 사무국장 참석

| 참고문헌 |

구동회, 2010, "우리나라 지방 행정체제 개편방안에 관한 비교연구", ≪국토지리학회지≫ 44(3), pp. 327-339.

박기춘, 2009, 『미래 한국을 위한 지방 행정체제 개편에 관한 연구』, 경희대학교 박사학위논문.

산업연구원, 2021, 『혁신생태계 기반의 지역혁신성장과 국가균형발전』, 용역보고서.

정준호, 2007, "혁신활동의 공간적 결정요인 분석", ≪한국경제지리학회지≫, 10(4), pp. 394-413.

정준호·김선배·변창욱, 2004, 『산업집적의 공간구조와 지역혁신 거버넌스』, 산업연구원 연구보고서.

Amin, A. and Thrift, N., 1994, "Living in the global" in A. Amin and N. Thrift (eds.) Globalization, Institutions and Regional Development in Europe, Oxford: Oxford University Press, pp. 1-22.

Anselin, L., Varga, A. and Acs, Z., 2000, "Geographic and sectoral characteristics of academic knowledge externalities", Papers in Regional Science, 79, 435-443.

Batten, D., 1995, "Network cities: creative urban agglomerations for the 21st century", Urban Studies, 16, 708-721.

Cooke, Philip (2003); "Strategies for Regional Innovation Systems: Learning Transfer and Applications," UNIDO: United Nations Industrial Development Organisation, Vienna.

Dexia, 2008, Subnational Governments in the European Union: Organisation, Responsibilities and Finance.

OECD, 2010, Regional Development Policies in OECD Countries.

Ohmae, Kenich, 1995, The End of the Nation State: the Rise of Regional Economies, Free Press.

Rice, P. G., Venables, A. J. and Patacchini, E., 2006, "Spatial determinants of productivity: Analysis for the regions of Great Britain," Regional Science and Urban Economics, 36, pp. 727-752.

제11장

지역혁신 성장을 위한 초광역 기반의 산업육성전략

김선배 산업연구원 국가균형발전연구센터 선임연구위원

I. 배경 및 필요성

2019년 말, 2020년 초 우리나라는 물론 전 세계적으로 시작된 코로나19 전염병 위기는 2021년 현재에도 계속되고 있고 우리 산업 경제활동에 지대한 영향을 미치고 있다. 이로 인해 코로나19 보건 위기는 비대면 분산형 경제활동이 필요하다는 글로벌 경제환경 변화와 향후 기술발전의 이정표라 할 수 있다. 이와 더불어 4차 산업혁명 핵심 기술의 비대면 및 분산형 기술의 활용으로 코로나19 경제위기 극복이 가능함을 시사하고 있다.

4차 산업혁명을 선도하는 핵심 기술은 지역 기반의 산업발전 패러다임의 이행을 촉진시킬 것으로 예상되고 있다. 초연결, 초지능, 비대면 속성의 기술발전으로 인해, 제조와 서비스의 융합이라는 생산부문 혁명, 공유경제 기반의 세분화된 수요시장 대응, 그리고 산업생산의 가치사슬 구조의 획기적인 변화 등에 따라 수요와 생산의 수렴이 이루어지는 단위로서 지역경제의 중요성이 커지기 때문이다.

즉 4차 산업혁명 핵심 기술의 발달은 상대적으로 작은 공간 단위

기반의 생산 – 소비의 수렴을 가속화시키고 있고, 집중-계층형 생산
체계보다는 분산-수평형 네트워크 생산체계의 효율성을 증대시키게
될 것이다.

[그림 11-1] 글로벌 경제환경의 대전환과 주요 이슈

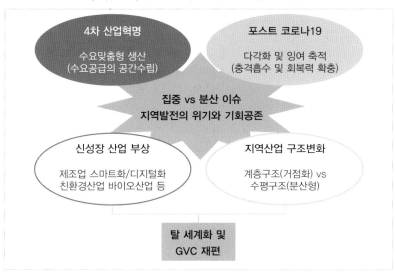

출처: 김선배(2020) 재인용.

이러한 관점에서 산업경제적 측면에서 4차 산업혁명의 진전에 효
율적으로 대비하면서 코로나19 위기 극복을 위해서는 수도권 중심의
일극형(집중-계층형) 생산체계에서 다극형(분산-수평형) 생산체계로의 전
환을 적극 모색해야 할 것이다. 코로나19와 같은 급격한 경제 충격에
효율적으로 대응하기 위해서는 잉여 축적과 회복력 확충이 중요하며,
이를 위해 임계규모 확보가 가능한 초광역권 단위의 분산형 다극형 생
산체계 전환 필요성이 크게 증대하고 있다.

이와 더불어 4차 산업혁명을 선도하는 핵심 기술은 기존 계층에서

분산형 구조로 산업 생산체계로 전환하는 것이 보다 효율성을 제고할 것으로 예견되고 있다. 이는 곧 임계규모를 확보할 수 있는 지역경제 단위에서 수요와 생산의 수렴을 이루어내는 분산형 생산체계의 발전이 새로운 국가발전의 원동력으로 부상하고 있다.[1]

Ⅱ. 플랫폼 경제로의 글로벌 산업발전 여건 변화

4차 산업혁명으로 인한 핵심 기술의 발전, 산업생산 및 수요 시장의 변화는 산업 가치사슬 구조가 플랫폼 경제로 전환하는데 지대한 영향을 미치고 있다. 산업 가치사슬의 상류 부문(up-stream)인 소재, 부품 중심의 제조업 분야는 글로벌 플랫폼 기업의 독과점 영향으로 시장이 축소되어 경쟁 심화에 직면하게 된다. 하류 부문(down-stream)인 제조업 생산물과 서비스는 상호 융합되고 확장되면서 다양한 비즈니스 모델이 나타나고 있다.

일례로 자동차산업은 완성차 업체(플랫폼)를 기준으로 소재업체, 부품업체가 업스트림에 해당하며, ICT OEM, 전기동력화, 자율주행화, 공유경제 부문은 다운스트림에 해당하며, 로봇, 3D 부품, 통신, 에너지 저장장치(ESS), 대체에너지, 카셰어링, 라이드헤일링 등 연관 산업 분야로 확장되고 있어 융복합의 가능성이 커지고, 부가가치도 커지고 있다.

---

1 요람 코렌(Yoram Koren) 미시간대 교수는 저서 「The Global Manufacturing Revolution」(글로벌 생산혁명)에서 글로벌 제조업 패러다임의 변화를 '개인화된 생산'(personalized products)과 '지역화된 생산'(products fit regional markets)으로 제시했다(Yoram Koren, 2010).

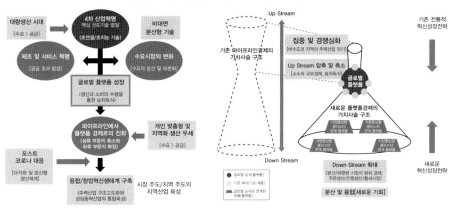

[그림 11-2] 플랫폼 경제의 발달과 구조적 특징

출처: 김선배(2017)를 토대로 재작성.

4차 산업혁명으로 인한 플랫폼 경제환경이 진전되면서 비수도권 지역경제의 발전 여건은 이전에 비해 훨씬 더 악화되고 있다. 비수도권 지역은 일반적으로 지역경제의 제조업 비중이 크고 제조업 연계 비즈니스 서비스와 산업발전 혁신역량은 수도권에 비해 약화되어 있다. 이는 플랫폼 경제 환경에서 비수도권 지역산업은 시장경쟁이 강화되어 구조조정 압력을 크게 받는 산업구조가 형성되어 있다.

산업 가치사슬의 상류 부문인 제조업에 편중된 산업구조를 보이는 비수도권 지역의 중소도시와 대도시 모두 주력 산업의 경쟁력 강화를 위한 혁신역량 확충이 요구되고 있다. 이는 비수도권 지역경제 구조에서는 신성장산업 및 창업 생태계 발전을 견인할 수 있는 혁신역량이 부족하고 제조업 구조 고도화를 이루어낼 수 있는 제조업 관련 지식서비스의 미발달이 주요 원인이라 할 수 있다.

비수도권 지역의 주력 산업 위기는 분공장 경제 중심의 산업발전이 중심이 된 공간 분업전략이 주요 원인이며, 40여 년 동안 우리나라의 비약적인 산업발전에 기여했던 구상기능과 생산기능의 공간적 분리라는 공간분업형 생산체계가 플랫폼 경제에서 그 효율성이 한계에 부딪치고 있음을 의미한다. 플랫폼 경제에서 공간분업형 생산체계(구상과 생산 기능의 공간적 분리)는 제조업 중심의 생산 기능이 특화된 비수도권 혁신성장에 부정적 영향을 미치는 것은 자명한 결과가 된다. 이와 더불어 수도권 지역의 혁신성장도 크게 약화시킬 수 있는데, 이는 구상기능에 비해 생산기능이 미흡함으로 인해 생산체계의 구조적 악순환이 발생하기 때문이다.

이러한 문제점은 지역경제의 다양성과 특수성의 단순한 지표를 통해 살펴본 지역산업 구조변화에도 투영되어 수도권 중심으로 수평적 산업구조가 활성화되고 있고, 비수도권의 지역산업은 수도권의 산업발전을 뒷받침하고 있어 자율적인 고부가가치 창출 여력이 극히 제한적인 구조임을 보여주고 있다([그림 11-3] 참조).

[그림 11-3] 전국 시군구 지역의 다양성 지수와 특수성 지수

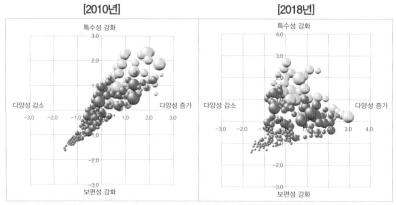

출처: 산업연구원(2020), 2020년 균형발전 통계분석과 비교지표의 갱신 및 보급 재인용.
주: 1) 진한 원은 비수도권 지역, 연한 원은 수도권 지역을 의미함.
　　2) 원의 규모는 인구 규모의 상대적 크기를 나타냄.

2010년 분석결과는 집적 및 다양성과 지역경제 규모가 높은 상관관계를 갖는 선형 계층형 지역산업 구조를 시현하고 있어 지역경제 규모, 혁신성, 성장 지속성이 일치하는 기존 집적경제와 규모의 경제가 병행하여 지역경제 발전이 나타나는 양상을 보이고 있다. 그러나 최근 시군구 단위에서 집적 및 다양성과 지역경제 규모의 상관관계가 낮아지고 분산형 지역산업 구조변화가 나타나고 있으며, 이러한 현상은 비수도권 지역에서도 유사한 경향으로 나타나고 있다. 그 결과 수도권 지역은 대다수의 시군구 지역이 특수성과 다양성 양자가 모두 증가하는 경향을 보이고, 비수도권 대도시 지역은 다양성은 유지되지만, 특수성이 약화되며 보편성이 확대되는 경향으로 장기적인 지역발전 역량 위축이 우려되고 있다.

Ⅲ. 초광역권 혁신생태계 구축 및 산업육성 전략

1. 초광역권 기반의 혁신생태계 강화 : 개념 모델

플랫폼 경제 환경에서는 가치사슬 하류 부문에서 다양한 산업들의 융합과 혁신주체들 간의 연계협력이 활발하게 일어나는 혁신생태계 강화 전략이 중요하다([그림 11-4] 참조). 이는 플랫폼 경제의 발달로 인해 가치사슬 하류 부문에서 부가가치 창출이 이루어지는 분산 수평형 산업생산체계로의 전환이 중요하며, 대기업과 중소기업의 상생 연계 발전, 중견 기업 혹은 신생 창업기업의 성공 사례 등 수요 시장에 기반한 새로운 비즈니스 모델의 활성화가 기업 및 지역산업 발전의 핵심

요소이기 때문이다. 즉 플랫폼 경제의 산업발전 원동력은 대기업-중소기업, 소기업 간의 연계 협력은 물론 지식생태계와 비즈니스 생태계를 구성하는 다양한 혁신 주체의 네트워크 활성화를 통한 시너지 창출이므로, 혁신생태계의 효율적 작동이 가능한 임계규모 확보가 중요하여 초광역 경제권 기반의 혁신생태계 강화가 긴요하다.

[그림 11-4] 혁신생태계 강화와 지역 혁신성장 전략

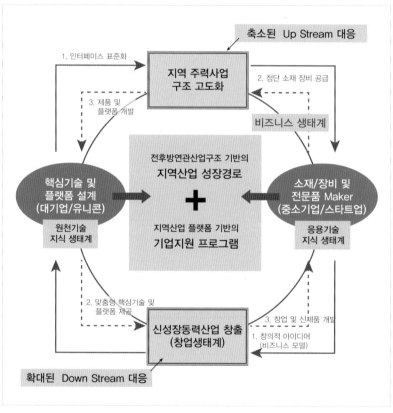

출처: 김선배(2017)를 토대로 재작성.

혁신생태계는 플랫폼 경제 환경에서 대기업과 중소기업의 상생발전 토대이며, 주력 산업의 구조 고도화와 신성장동력산업 창출을 통해 지역혁신 성장에 기여할 것이다. 대기업에서는 제품 인터페이스의 표준화가 중요하다. 이를 통해 첨단소재장비 중소기업과의 연계를 통해 고부가가치 제품 및 플랫폼 역할을 수행하는 방식으로 중소·중견기업과 대기업의 상생협력이 요구된다. 중소기업은 소재 장비 및 전문품 생산자로서 새로운 아이디어에 기반한 비즈니스 모델 개발이 중요하다. 이러한 스타트업 기업의 비즈니스 모델이 시장에서 성공하기 위해서는 대기업(유니콘)의 맞춤형 핵심 기술 혹은 플랫폼과의 연결이 이루어져야 할 것이다.

이에 따라 플랫폼 경제에 적합한 수평적 구조로 진화 발전하기 위해서는 혁신생태계 강화가 필요하며, 이를 위한 수요 기반 비즈니스 모델 창출을 위한 새로운 클러스터 육성 모델 정립이 요구된다. 기존 클러스터 육성 모델은 지역산업의 절대적 집적도와 상대적 특화도를 토대로 클러스터의 전략산업을 선정하고 지역산업 클러스터 기반 조성을 위한 사업을 추진하였다.

즉 전략산업 지원을 위한 특화센터 구축, R&D와 비R&D 사업을 통한 개별기업 지원 중심의 사업 추진이 이루어졌다.

이에 반해 새로운 클러스터 육성 모델은 지역산업 클러스터 플랫폼 기능 강화를 통해 클러스터 공유자산 확충 및 지식 창출, 다양한 비즈니스 모델 개발에 중점을 둔 사업 추진이 요구된다. 즉 전후방 연관 구조를 고려한 전략산업군 선정 및 공유자산 확충, 오픈 소스 R&D, 비시장적 성과관리 사업 추진이 긴요하다.

[그림 11-5] 새로운 클러스터 육성 모델

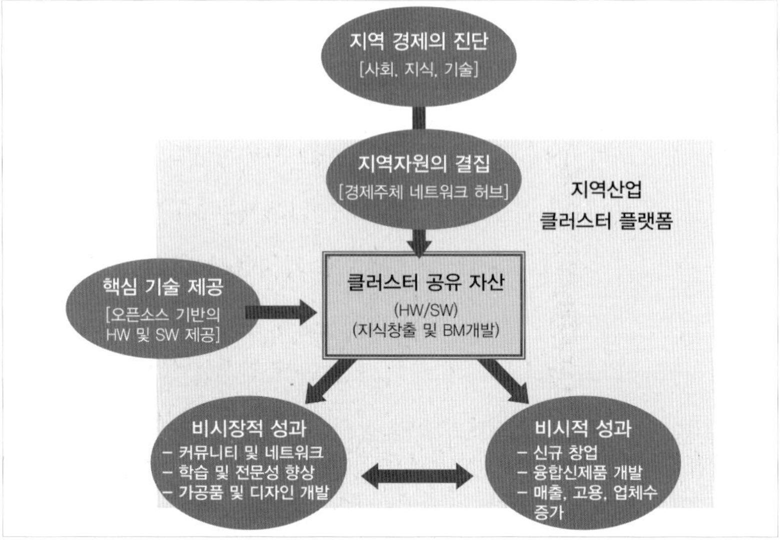

출처: 김선배(2019).

2. (전략 1) 혁신생태계의 구심점으로서
핵심 전략산업 선정 및 성장경로 설계

혁신생태계의 효율적 구축을 위해서는 핵심 전략산업과 연관산업으로 구성되는 네트워크형 구조(다수의 집적지 형성과 연계 활성화) 형성을 통해 연관 다양성 증대가 중요하다. 혁신생태계 구축에 있어 가장 기본적인 요소는 지역산업의 네트워크형 구조 형성이며, 이는 핵심 전략산업을 토대로 지역산업의 성장경로 설계를 위해 필요하다.

여기서 지역산업의 성장경로는 EU '스마트 특성화(smart specialization)' 전략에서 지역경제의 지속가능한 산업육성 전략 유형인 구조고도화, 다각화, 구조전환, 신성장산업 기반 구축으로 이루어지는 산업발전 경로 유형을 참고할 수 있다.[2]

[그림 11-6] 초광역권 기반 혁신생태계 강화를 위한 추진 전략

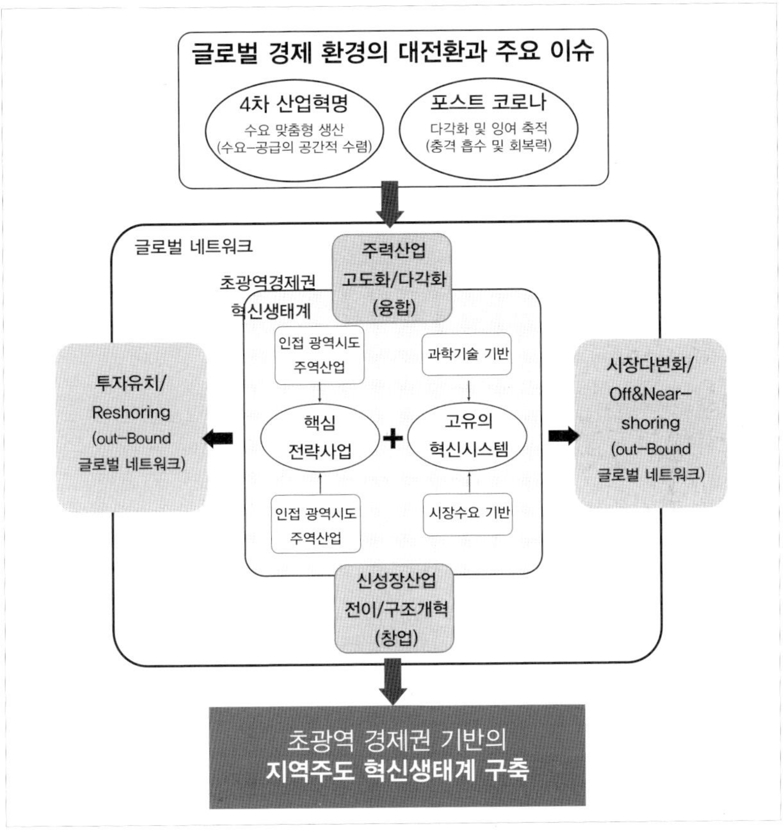

일반적으로 우리나라 비수도권 지역은 지역 주력 산업의 발전과 신성장산업 기반 확충이 중요하기 때문에 구조 고도화, 다각화, 신성장산업 기반의 포트폴리오를 설정하는 지역산업 성장경로 설계가 요구

---

2 도미니크 포레이(Dominique Foray) 교수는 지역의 철저한 혁신자원 조사, 주도적인 추진 주체 구성을 통해 지역의 혁신역량에 기반하는 효율적인 산업육성전략으로서 스마트 특성화(smart specialization) 전략을 제시하였다((Foray, 2015).

된다. 이는 곧 전후방산업 연관 구조 분석에 토대를 두는 핵심 전략산업 선정이 긴요하다. 즉 지역산업 전후방 연관산업의 그물망 구조에서 핵심 전략산업 선정 결과를 포지셔닝하고 구조 고도화 및 다각화, 신산업 창출 전략에 대한 성장경로 설계가 중요하다.

3. (전략 2) 혁신생태계의 효율적 작동을 위한 고유의 혁신시스템 설계

혁신생태계의 효율적 작동 및 운영을 위해서는 지역경제의 현황 및 혁신자원의 철저한 진단에 기초하여 지역경제에 적합한 혁신시스템 설계가 이루어져야 한다. 혁신시스템은 과학기술 기반형 혹은 시장 기반형으로 크게 구분할 수 있고, 지역 여건에 적합한 혁신시스템 구축을 위해서는 수요와 공급을 구분한 확충전략이 요구된다. 수요 관점에서는 핵심 전략산업의 부가가치 제고를 위한 혁신인자를 파악해야 하며, 공급 관점에서는 지역이 보유하는 혁신 자원 및 혁신 역량의 진단이 체계적으로 이루어져야 한다.

우리나라의 경우 대덕연구단지는 과학기술 기반형과 판교 테크노밸리는 시장 기반형의 대표적인 사례가 되며, 일본 교토의 경우는 과학기술 기반형, 그리고 중국 선전은 시장기반형으로 성공 사례에 해당된다(김선배 외, 2018).

4. (전략 3) GVC 재편과 In & Out-Bound형 글로벌 네트워크 강화

지역 혁신성장 도모를 위해 In-Bound(기존 투자 유치 및 Reshoring 등)는 물론 Out-Bound(시장다변화 및 Off & Near-shoring 등)의 글로벌 네트워크 강화가 요구된다. 우리나라 지역 혁신생태계 강화에서 보다 중요한 전략이 새로운 시장 개척 및 시장 다변화 등 시장 확보 전략이다. 기존 지역 내부로의 투자유치 중심의 투자 활성화 전략은 인센티브 제공을 중심으로 인력양성, 교육, 주거 등 정주환경 등으로 확대되어 실질적인 정책성과를 달성하는데 많은 어려움을 안고 있다.

혁신생태계 구축에서 글로벌 네트워크 활성화는 핵심 전략산업의 성장경로를 고려하여 역내 투자유치(In-Bound형)와 해외시장 개척 및 다변화(Out-Bound형)에 대한 전략적 포트폴리오가 요구된다. 특히 플랫폼 경제에서 수요시장이 강조되기 때문에 해외시장 개척과 공급망 다변화를 통해 역내 지역기업의 연계 및 협력 강화를 통해 지역기업의 신증설 및 고용 창출이 가능한 연관 기업의 투자 유치로도 이어질 수 있을 것이다.

5. 혁신생태계 강화를 위한 지역전략산업 육성 체계(안)

혁신생태계 강화를 위해서는 지역산업의 중층적 네트워크 연계구조 형성이 핵심 요소이며, 이를 위해서는 산업발전의 임계규모 확보가 가능한 공간 단위인 초광역 경제권(메가리전)에서의 지역산업 육성 전략이 긴요하다. 초광역 경제권의 핵심 전략산업, 광역시도 단위 대표

산업으로서 전략산업, 소경제생활권(2~3개 기초 단위 연계) 특화산업이 전후방 연관 구조 및 상호 보완성 측면에서 특화와 연계되는 네트워크 구조 형성이 요구된다.

이를 위해서는 지역 여건에 적합한 지역전략산업 육성(상향식), 지역 전략산업 육성 지원의 효율성(하향식)을 고려하여 지역전략산업 선정 방향을 설정할 수 있다. 첫째, (추진방향 1) 초광역권 핵심 전략산업을 먼저 선정하고 이를 중심으로 시도 지역산업 생태계 강화 방향을 설정한다(하향식 우선). 둘째, (추진방향 2) 지역산업 생태계 진단을 선행하여 시도 지역산업 성장경로를 모색하고 초광역권 핵심 전략산업 발전전략을 수립(상향식 우선)한다.

[그림 11-7] 초광역권 핵심 전략산업 중심의 산업육성 체계(안)

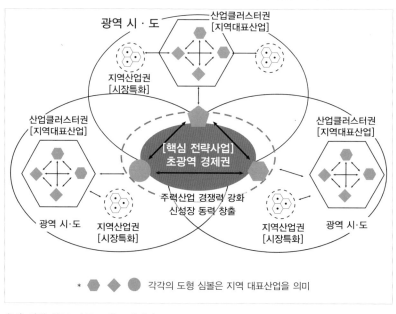

출처: 김선배(2017)를 토대로 재작성.

| 참고문헌 |

김선배, 2017, 「4차 산업혁명과 스마트 지역혁신」, 산업연구원 ISSUE PAPER 2017-437, 산업연구원.

김선배 외, 2018, 「스마트 지역혁신의 주요 정책수단과 운영사례연구 - 일본 교토와 중국선전을 중심으로」, 연구보고서 2018-876, 산업연구원.

김선배 외, 2019, 「포용적 혁신성장을 위한 지역 주도형 지역산업정책의 추진전략과 과제」, 산업연구원 연구보고서, 산업연구원.

김선배·이상호, 2020, "포용적 혁신성장과 지역주도형 지역산업 육성전략", 「월간KIET산업경제」, 산업연구원

김윤수·김선배 외, 2020, 「지역혁신성장을 위한 전략산업 구조고도화와 성장경로 분석 - 산업 Atlas 모형 적용을 중심으로」, 산업연구원 연구보고서, 산업연구원.

Foray, D., 2015, Smart Specialisation: Opportunities and Challenges for Regional Innovation Policy, Abingdon and New York : Routledge.

제12장

지방 행정체제의 개편

소순창 건국대 공공인재학부 교수

I. 서론

2013년부터 2018년까지 국제적으로 장기 저성장이 계속되었다. 한국의 경우에도 차기 정부가 들어서는 시점에서는 경제성장률이 3% 내외에 지나지 않을 것이라는 예측이 우세하다.

세계 최대 미래학회인 'World Future Society'는 완벽한 남녀평등이 실현됨에 따라 여성동등권 등의 주장이 의미를 잃게 되며 가족 붕괴가 가속화되고 있으며 가족구조는 보다 더 다양하고 복잡한 구조로 변하게 될 것이다. 서구 복지국가들의 복지비용 증가는 사실상 가족구조의 파괴 때문에 온 것이다. 이미 우리나라도 1인 가족이 급증하고 있으며 결혼하는 4쌍 가운데 1쌍, 인구의 3%가 다문화가정으로 구성되어 있다.

따라서 지방자치는 중앙과 지방의 권력다툼이 아닌 지역공동체를 하나의 가족 개념으로 접근하여 경제공동체와 복지공동체로 만들어야 하는 과제에 직면하고 있다.

장기적인 저성장으로 일자리 부족 현상이 지속될 것으로 예상되며 고용 없는 저성장이 지속되어 젊은이들의 좋은 일자리를 창출하여야 할 당면 과제가 있다. 이러한 고용 없는 저성장은 전국적으로 중앙과 지방 관계없이 국가적인 문제로 대두되고 있다. 기존의 중앙집권적인 성장전략시스템으로는 한계가 있으며, 또한 중앙부처에 맡겨서 해결할 수 없다는 것도 과거의 경험을 통해 알 수 있다. 따라서 새로운 정부 운영방식이 필요한 상황이다.

우리 사회의 저출산 고령화 수준은 국가적인 재앙으로까지 예견되고 있어 이를 해결하지 않고 우리 사회가 일류 선진국으로 갈 수 없는 당면 과제가 되었다. 이러한 저출산 고령화 수준은 대도시 및 도시지역보다 지방 및 농촌으로 갈수록 보다 더 심각한 상태이다.

저출산 고령화는 출산장려 정책뿐 아니라 고령화에 대처해야 하는 이중적인 정책 대안이 제시되어야 한다. 경쟁이 심하고 생활부담이 높은 수도권 및 대도시로의 젊은층이 집중되어 저출산 고령화 문제가 심화되고 있다. 이를 해결하기 위해서는 비수도권 및 소도시 및 농촌의 활성화 정책도 동시에 제시되어야 할 필요가 있다.

우리 사회의 또 하나의 당면 과제로 공교육 활성화를 들 수 있다. 수도권 및 지방의 대학경쟁이 공정하지 못하다는 점을 감안한다면 지방대학의 활성화를 통한 지방경쟁력 및 국가경쟁력을 강화하는 정책 대안이 필요하다. 지방에서는 대학이 지역경제의 활성화를 위해 핵심적인 과제라 할 수 있다.

전국적으로 공교육의 활성화가 당면 과제이지만 특히 지방의 대학은 형해화(形骸化) 수준에 머물러 있다.. 지방대학이라는 한 가지 이유 때문에 경쟁력이 떨어지고 입시경쟁률이 떨어지고 있는 상황은 수도권으로 모든 것들이 집중되어 있기 때문이다. 따라서 이를 해결하기 위해서는 지방대학을 활성화할 수 있는 정책 대안이 필요하다.

우리 사회가 안고 있는 문제 중의 또 다른 심각한 문제점은 국가부채가 극심하다는 점이다. 정부 발표에 따르면 2011년 기준 정부부채는 774조 원, 공기업 부채는 463조 원, 지방정부 부채는 18조 원 등으로 대한민국의 총 부채 규모는 약 1,255조 원에 달해 이미 1년 국가예산의 약 3배에 육박하고 있다.

더욱 심각한 사실은 금융투자업계와 한국은행에 따르면 2012년 6월 말 기준 정부, 기업, 가계의 부채 합계는 2,962조 원으로, 명목 국내총생산(GDP)의 233.8%에 달하고 있다.

이렇게 막대한 부채의 대부분이 국토해양부의 토목개발과 주택사업에 의하여 발생했다는 점은 자명하다. 그럼에도 2013년 국토해양부의 예산은 27조 1,940억 원이 되어 4대강 사업이 종결된 것을 감안하면 순수하게 국토해양부 예산은 약 7~10% 증액된 것이고 추경예산까지 고려한다면 2013년에도 막대한 예산이 토목사업에 투입되었다는 것을 알 수 있다. 핵심적인 문제는 비단 국토해양부뿐 아니라 농림수산식품부, 보건복지부, 심지어는 문화체육관광부에 이르기까지 건설사업을 집행한다는 데 있다.

따라서 국가적 단위에서 SOC에 대한 전면적 재검토가 필요한 시점이다. 장기적 측면에서는 지방정부 및 지역이 창조적이고 자립할 수 있는 방향으로 '균형발전정책'보다는 '지방분권정책'이 우선적으로 추진되어야 한다. 우선적으로 우리 사회의 주요 당면 과제인 '고용(지역산업 육성)', '복지(품격복지)', 그리고 '교육(인재육성)' 문제를 지방정부가 스스로 해결할 수 있는 정부운영시스템을 구축해야 할 것이다.

빅데이터 시대에서 정부는 2.0에서 정부 3.0으로 가야 하는 당면 과제에 직면하고 있다. 지방자치 역시 웹 기반과 소통과 통합의 자치행정을 구현하는 3.0 시대에 직면하고 있다. 이를 위해서는 지방정부 및 지역이 창조적이고 자립할 수 있는 방향으로 새로운 분권형 국가를 위한 정책을 만들어야 할 것이다.

마지막으로, 비효율적이고, 무력하며, 피로감에 쌓여 있는 정부를 혁신하여 효율적이고, 역량있고, 활력있는 정부로 재창조할 필요성이 대두되고 있다. 중앙정부로 집중되어 있는 정부 운영방식을 혁신하여 새로운 시대에 알맞은 중앙정부와 지방정부 간의 혁신적인 역할 재정립이 절실하게 요구되고 있다. 정부 조직개편도 중앙부처 차원 안에서만 방안을 찾는 것은 한계가 있다. 중앙정부와 지방정부의 역할 재정립 차원에서 혁신적인 대안을 모색할 수 있다.

우리 사회가 당면하고 있는 과제들을 해결하기 위해서는 먼저, 지역경제 활성화를 통한 일자리 창출, 또 저출산 고령화사회에 대응하기 위한 정책 대안, 그리고 지방대학을 활성화할 수 있는 정책 대안을 중앙정부와 지방정부의 역할 재정립이란 지방 행정체제의 개편 방안을 살펴보고자 한다. 또한 이러한 지방 행정체제의 개편과 더불어 중앙정부와 지방정부의 역할 재정립의 방안과 중앙부처를 분권형으로 조직 개편하는 방안에 대하여 살펴보고자 한다.

이 글에서는 지방 행정체제의 개편 내용과 지방 행정체제의 개편 방안을 제시한다. 또한 전통적인 정부 운영방식이 기능부전 상태에 있기 때문에 새로운 분권형 중앙부처 조직의 개편 방안을 제시하고자 한다. 따라서 분권형 국가개조론을 통하여 미래 지향적인 국가 운영방식을 새롭게 제시한다.

Ⅱ. 지방 행정체제의 국내외 논의

1. 국내 논의

1) 도농통합

지방 행정체제 개편만큼 지방행정학자들의 연구에 빈번히 회자되는 연구 주제는 없다. 지방 행정체제 개편 논의가 1990년대 지방자치의 실시를 앞두고 본격적으로 시작된 이후 그 개편 방향과 대안을 제시하는 수많은 논문과 보고서가 발표되었다(장덕희·목진휴, 2010; 조성호·박석희, 2009; 박지형·홍준현, 2007; 이시원·민병익, 2001;2005;2006; 배인명·이명석·최재송, 2000; 정영헌, 2006; 조석주·이재기, 2000; 박종관·조석주, 2001; 김재홍, 2000; 홍준현, 1997; 김동훈·정진헌, 1996).

도농통합형 행정구역 개편은 "시와 군을 통합한 지역이나 인구 5만 이상의 도시 형태를 갖춘 지역이 있는 군을 도농복합 형태의 시로 할 수 있다"는 지방자치법의 개정(1994년 3월 16일)에 의하여 시와 군을 통하여 새로운 도농통합의 시를 만들 수 있는 법적 근거가 마련되었다. 이러한 법적 근거가 마련되자 다시 내무부는 전국 시·도에 시·군 통합지침을 시달하고, 언론, 정치권 그리고 지역주민들의 진정·건의 등으로 통합이 거론되었던 시·군을 통합 대상 지역으로 권유하였다(이시원·민병익, 2001:82).

다만 인접 지역에 군이 없는 시나, 양 시·군이 독자적으로 성장잠재력을 확보하고 있는 지역은 통합 권유 대상 지역에서 제외시킨다는 것이 정부의 기본 방침이었다. 통합과 관련된 처리 절차는 4단계로 나누어 진행하였다.

자치단체의 통합은 주민의견이 중요하기 때문에 주민의견조사를 실시하기 이전에 전국적으로 도와 시·군이 합동으로 설명회를 개최하였으며, 주민의 의견은 주민투표 방식이 아니라 주민의견조사 방식을 채택하였으며 임시반상회를 이용하여 통합 대상 지역에 거주하는 전 세대를 대상으로 세대 단위의 의견을 표시하는 방식으로 이루어졌다.

따라서 지방자치법 제4조 제1항은 지방자치단체를 폐치·분합할 때는 법률로 정하도록 하고 있어 일련의 통합 절차를 거쳐 1994년 8월 3일 「경기도 남양주시 등 33개 도농복합 형태의 시설치 등에 관한 법률」을 시작으로 2년여에 걸쳐 전국에 41개 시 29개 군을 통합한 40개의 새로운 형태의 도농복합형 시가 탄생되었다.

일반적으로 도농통합을 통하여 달성하고자 하는 것은 규모의 경제를 통한 행정효율성과 도시지역과 농촌지역의 도농지역 간의 형평성 및 통합성, 그리고 궁극적인 지역주민의 편익 등이라고 할 수 있다. 그러나 종합적인 결론은 대체적으로 통합의 효과가 미흡하다는 평가이다. 물론 장기적인 측면에서 볼 때 그 효과가 미미하게 나타난다는 분석도 있지만(박지형·홍준현, 2007) 그 효과가 통합의 직접적인 효과인가에 대해서도 이론의 여지가 있다.

2) 제주특별자치도

세계화와 지방의 진전에 따라 제주도는 '국제자유도시' 건설을 위하여 2006년 7월 1일 「제주특별자치도의 설치 및 국제자유도시 조성을 위한 특별법」 제정과 함께 전국 유일의 '제주특별자치도'로 출범하게 되었다. 국제자유도시의 효율적인 추진을 위하여 기존의 4개 시·군의 기초자치단체를 폐지하여 통합함으로써 제주도의 지방 행정체제를 단층제인 광역자치단체로 개편하였다.

이러한 제주특별자치도의 새로운 탄생이 지방자치의 근본 이념인 지역발전과 지역주민의 삶의 질을 향상시키는데 얼마나 기여하여 왔는가, 그리고 지방행정의 효율성, 민주성, 통합성을 얼마나 제고하였는가를 평가해 보고자 한다.

제주특별자치도는 동북 및 동남아시아의 새로운 투자 거점도시로 거듭나기 위하여 '국제자유도시' 건설을 지속적으로 추진하여 왔다. 이를 위해 제주도의 4개 기초자치단체를 폐지하였고, 지역 특성을 반영한 새롭고 경쟁력 있는 행정체제 구축을 추진한 것으로 평가되었다(제주도청, 2004).

1990년 「제주도개발특별법」 제정 이후 제주도는 1999년 9월 '국제 자유도시 기본계획'을 수립하였고, 2002년 「제주국제자유도시특별법」 제정에 의해 2004년 최종적으로 '제주특별자치도 추진계획'을 수립하였고, 2006년 7월 1일 「제주특별자치도의 설치 및 국제자유도시 조성을 위한 특별법」의 제정을 통하여 이윽고 '제주특별자치도'가 출범하였다.

제주특별자치도가 출범함에 따라 북제주군과 제주시를 '제주시'로 남제주군과 서귀포시를 '서귀포시'로 통폐합하여 현재 1자치도-2행정시-7읍·5면·31동의 행정구역으로 개편하였다. 따라서 제주특별자치도의 행정체제는 기존 자치 2계층제에서 단일 광역자치단체 중심의 자치 1계층제(단층제)로 전환하였다. 제주특별자치도의 출범 전후의 지방행정의 현황을 살펴보면 〈표 12-1〉과 같다.

〈표 12-1〉 제주특별자치도 출범 전후의 지방행정 현황

구 분	제주도	제주특별자치도
행정조직	도청 : 2단 · 1실 · 1본부 · 6국 · 25과 기초 : 1단 · 5실 · 4국 · 51과/사업소	2단 · 1실 · 2본부 · 8국 · 30과/사업소
공무원수	4,540명	5,137명
인구수	557,235명	563,388명
공무원 1인당 주민수	128명	110명

출처: 제주도(2005); 제주특별자치도(2008a; 2008b).

먼저, 제주특별자치도 출범 전·후의 행정조직을 살펴보면, 제주도 청과 4개의 시군 기초자치단체가 전체 '3단·6실·1본부·11국·76과/ 사업소'이었던 것이 '2단·1실·2본부·8국·30과/사업소'로 기구 수는 대폭적으로 축소되었다. 4개의 기초자치단체와 1개의 광역자치단체 인 2층제에서 1개의 특별자치도로 변경되었기에 행정조직이 통폐합 되어 이루어진 결과라 할 수 있다.

둘째, 행정조직은 대폭적으로 축소되었는데 과연 공무원의 수도 줄었는가? 〈표 12-1〉에서 볼 수 있듯이 전체 공무원 수를 살펴보면, 4,540명이었던 것이 5,137명으로 약 14%가 증가하였다. 시·군 소속 공무원의 경우 2,194명에서 1,446명으로 약 34%나 감소하였으나, 도 청 소속 공무원은 539명에서 1,015명으로 약 2배 가량 증가하였다. 지 역주민들의 면대면 행정서비스가 줄어들 수 있는 수치라 할 수 있다.

마지막으로, 인구수는 6,153명 증가했고, 반면 공무원 1인당 주민수 는 128명에서 110명으로 줄었다. 상대적으로 수치상으로만 본다면 공 무원 1인당 지역주민에 대응할 수 있는 상황이 좋아졌다고 할 수 있다.

3) 통합 창원시

지방 행정체제의 개편 논의는 지방자치제도를 다시 새롭게 실시

한 1991년 이후부터라고 할 수 있다. 1996년 5월 신한국당은 정책토론회에서 도 폐지, 특별·광역시의 자치구 폐지 등을 논의하였다. 또 2001년 민주당은 지방자치위원회에서 기초자치단체의 수를 130~160개로 줄이고, 서울특별시 25개 자치구를 5~9개의 시로 개편하자는 안을 제시하기도 했다.

이러한 논의와 함께 본격적으로 국회가 지방행정체제개편 특별위원회를 구성하여 2005년 10월부터 2006년 2월까지 활동하였고, 행정계층 1단계 감축, 시·군·구의 광역화, 읍면동의 준자치단체화, 지방광역행정체제의 구축을 제시한 미채택 보고서를 제출하게 되었다. 결국 국회에서도 합의된 안을 도출하지 못하고 막을 내렸던 것이다. 이러한 일련의 과정이 제1차 지방행정 체제 개편 논의였다고 할 수 있다.

그런데 18대 국회와 이명박정부 출범 이후에 2008년 9월 이명박 대통령은 TV로 생중계된 국민과의 대화에서 지방 행정체제 개편에 대한 강력한 의지를 밝혔고, 2009년 8.15 경축사에서도 재차 이를 밝히게 되었다. 한편 한나라당의 허태열 의원과 권경석 의원, 민주당의 우윤근 의원과 노영민 의원 등이 개편안을 국회에 제출하면서 잠재되어 있던 지방 행정체제 개편에 대한 제2차 논의가 시작되었다. 정부는 행정안전부가 해당 지자체 지역주민의 여론조사를 통하여 6개의 자율통합 대상 지역을 발표하였다.[1]

실제로 2009년 말 경남의 마산, 창원, 진해와 경기도의 성남, 광주,

---

1 당시 통합이 거론되었던 10개 지역의 통합효과는 약 3조 9,182억 원으로 추산된다고 발표하였으며, 해당 지역은 안양-군포-의왕, 의정-양주-동두천, 남양주-구리, 성남-하남, 청주-청원, 전주-완주, 목포-무안-신안, 여수-순천-광양, 창원-마산-진해, 부산 중구-동구 등이었다(행정안전부, 2009).

하남의 해당 의회가 통합을 의결하여 인구 규모 100~130만에 이르는 두 개의 거대 일반시가 탄생하는 듯했는데, 결국 2010년 3월 민주당의 반대로 성남, 광주, 하남의 통합은 무산되었고, 마산, 창원, 진해 3개 자치단체만 통과되어 현재 창원시로 통합하였고 새로운 통합 시장이 선출된 상태이다.

〈표 12-2〉 지방 행정체제 개편의 논의 과정

시기	주체	내용
1996년 5월	신한국당 정책토론회	도 폐지, 특별 · 광역시의 자치구 폐지 등
2001년	민주당 지방자치위원회	기초자치단체 수를 130~160개로 줄이고, 서울특별시 25개 구를 5~9 시개 로 개편
2005년	한나라당 허태열 의원	전국의 시 · 군 · 구를 통합해서 70개 정도의 광역시로 재편 제안
2005년 10월 ~2006년 2월	국회지방행정체제개편 특별위원회	행정계층 1단계 감축, 시 · 군 · 구의 광역화, 읍면 동의 준자치단체화, 지방광역행정체제 구축을 제시한 미채택 보고서 제출
2008년 11월 ~2009년 2월	한나라당 권경석 의원 민주당 우윤근 · 노영민 의원	지방행정체제개편 특별법안, 기초자치단체 간 자율적 통합촉진을 위한 특별법안 국회 제출
2009년 3월	국회 본회의	지방행정체제개편 특별법안 설치 의결 통과
2010년 3월	국회 본회의	민주당의 반대로 성남 · 하남 · 광주 통합 안은 제외하고, '마산 · 창원 · 진해통합법'만 통과

출처: 박기춘·한상연(2010)을 재구성함.

2009년 11월 창원, 마산, 진해 세 개의 지방자치단체 통합안에 대한 주민 여론조사에서 창원 57.3%, 마산 87.7%, 진해 58.7%의 찬성으로 자치행정구역을 통합하기로 결정하였다. 그리고 최종적으로 3개 자치단체의 지방의회와 경상남도 도의회에서 통합을 결정하였다. 그 후 동년 12월에 「창원마산진해 설치에 관한 법률」이 제정되었고, 2010년 3월 경상남도 통합시 출범준비단이 결성되어 3개월이라는 짧은 준비 과정을 통해 7월 1일 통합창원시가 출범하게 되었다.

4) 통합 청주시

청원군과 청주시는 지금까지 4차례의 통합을 시도하였다. 1994년 제1차 통합 추진부터 2010년 제3차 통합 추진에 이르기까지 16년 동안 지속적으로 통합을 추진하여 왔던 것이다.

궁극적으로 2012년 제4차 추진에서의 통합 성공은 무엇보다도 양 시군의 민간인으로 구성된 '시·군민협의회'가 주도적 역할을 하였다. 통합 추진은 제1차에서 제3차에 이르는 동안 정부 주도로 이루어진 반면, 제4차 통합 추진에서는 민간 주도로 이루어져 통합에 성공한 것이다(장황래·김영종, 2013).

〈표 12-3〉 통합 청주시 통합과정별 분석

정책 네트워크	국가 주도			주민 주도
	제1차 통합 (1994)	제2차 통합 (2005)	제3차 통합 (2010)	제4차 통합 (2012)
정책 환경	세대별 의견조사	주민투표	지방의회 의견청취	지방의회의견청취 및 주민투표
행위자	획일적 소수 참여	다양성 소수 참여	다양성 소수 참여	다양성 다수 참여
상호 작용	접촉빈도 적음 갈등적	접촉빈도 적음 갈등적	접촉빈도 적음 갈등적	접촉빈도 많음 협력적
연계 구조	폐쇄적 수직적	폐쇄적 수직적	폐쇄적 수직적	개방적 수직적

출처: 장황래·김영종(2013)을 재수정하여 정리함.

2. 논의되고 있는 개편안

1) 정치권의 안

민주당과 한나라당에서는 시군을 통합하여 전국적으로 60~70개의 통합시로 재편하고 현재의 도(道)를 폐지하며 도를 대신하여 국가기관인 광역행정청을 설치하는 안을 제시하였다. 그러나 이는 학계 또는 시민사회단체, 그리고 지방 4단체에 의하여 중앙집권화로 회귀하며 지방자치를 왜곡하는 대안으로 비판을 받게 되었다.

도 폐지와 시군 통합안은 기초자치단체에 주민접근성을 제약하는 한계를 가지고 있으며, 도의 폐지로 국가기관인 광역행정청을 설치하는 것은 지방정부의 자율성을 제한할 수 있다. 또한 지역주민의 의견이 지방정부에 반영되는 통로가 제한되어 민주성이 훼손될 수 있다.

광역행정청을 통한 국제적인 경쟁력을 확보할 수 있다고 하지만 그러한 경쟁력은 지방정부의 경쟁력이 아니라 중앙정부의 경쟁력으로 지방화시대에 역행하는 대안이라 할 수 있다.

또한 광역행정청은 영국의 RDA(Regional Development Agency)를 벤치마킹한 안이라고 한다. 그런데 최근 영국에서 RDA를 폐지하고, 지역의 활력을 활용하는 새로운 지역 단위의 지역발전정책을 도모하는 LEP(Local Enterprise Partnership)와 도시권협상(City Deal)을 도입했다는 점에서는 여야 정치권의 도 폐지와 함께 광역행정청을 설치하려는 안은 그 실효성을 다 했다고 할 수 있다(소순창·최현선, 2014).

[그림 12-1] 정치권의 개편안

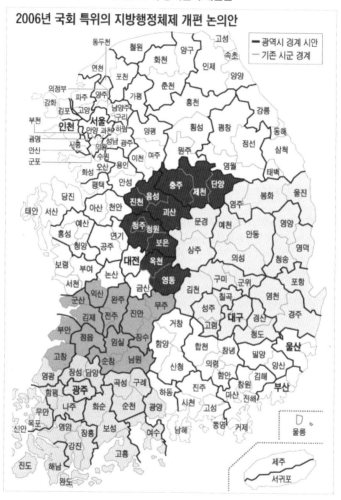

2006년 국회 특위의 지방행정체제 개편 논의안

2) 이승종의 안

이승종의 안은 2단계에 걸쳐 통합하는 안으로 먼저 1단계로 광역시와 도를 통합하고, 2단계로 비통합 도와 인접 도를 통합하는 안이다(이승종, 2008).

1단계로 광역시를 기초자치단체로 전환하여 원래 도에 통합하여 1개 특별시 9개의 도로 광역행정구역을 재편하는 것이고, 2단계로 충청남북도, 전라남북도를 통합하여 1개 특별시, 7개의 도로 최종적으로 광역행정구역을 설정하도록 한다. 이는 이명박정부가 영국의 RDA를 원용하여 5+2 광역경제권의 권역 구상과 맥을 같이하고 있다.[2]

이때 광역시가 기초자치단체화되는 과정에서 일반시와는 다른 수준의 자율권을 부여하고 지역발전의 자율성을 보장한다는 전제에서 통합한다. 광역시가 없는 충북, 전북, 강원, 제주는 인접 도와 자율적으로 통합을 추진할 수 있는 여지를 남겨둔다. 뿐만 아니라 기초자치단체의 통합도 중앙정부에 의한 강제적인 통합보다는 중앙정부는 통합을 지원하고 지방정부가 서로 합의하에 자율적인 통합을 추진하도록 해야 한다.

[그림 12-2] 이승종의 개편 방안

구 분	현 행	광역시 · 도 통합	충청 · 전라 지역 통합
광역단체	○ 1개 특별시 ○ 6개 광역시 ○ 9개 도	○ 1개 특별시 ○ 9개 도	○ 1개 특별시 ○ 7개 도

2 5+2 광역경제권은 수도권, 충청권, 호남권, 대경권, 동남권, 강원권, 제주권 등 7대 경제권을 포함하는 구상이다.

이승종의 개편안은 면적, 인구, 지방재정력이 증가하여 지방경쟁력의 기반이 강화되고, 지역균형 발전에도 도움이 되는 이중효과를 도모할 수 있다는 것이다(이승종, 2008). 더불어 민주성을 제고하기 위한 과제로 광역자치단체와 기초자치단체 간의 기능을 분리하고, 마을자치(근린자치)를 강화하는 대안을 제시하고 있다.

3) 김효성·구동희의 안

김효성·구동희 안(2011)은 국토공간구조의 변화에 맞게 지방행정체제의 개편안을 제시하기 위하여 지역 간의 통근 패턴을 통하여 전국을 21개의 광역도시권으로 조정하였다. 이를 근거로 지방 행정체제의 개편안으로 21개의 광역도시권을 자치계층으로 하는 자치1계층안과 3개의 광역도와 21개의 광역도시권을 각각 자치계층으로 하는 자치2계층안을 제시하였다.

먼저, 자치1계층안은 정치권을 중심으로 논의되고 있는 전국을 60~70개 자치단체로 통합하자는 단층제안과 유사하다. 자치계층이 복잡하고 중첩 및 많은 수의 자치단체로 되어 있어 비효율성과 의사전달의 왜곡 현상이 있으며 행정의 책임성 확보가 어렵기 때문에 전국을 단층제로 하여 광역화하자는 안이다. 정치권의 60~70개로 자치단체를 개편하자는 안과는 달리 서울과 제주를 제외하고 전국을 21개의 광역도시권으로 개편하여 생활권과 행정구역을 일치시켜 주민의 불편을 해소하고 국가 통솔 범위의 문제 해소와 규모의 경제를 보다 더 실현할 수 있다는 점을 제시하고 있다.

[그림 12-3] 김효성·구동희의 개편안

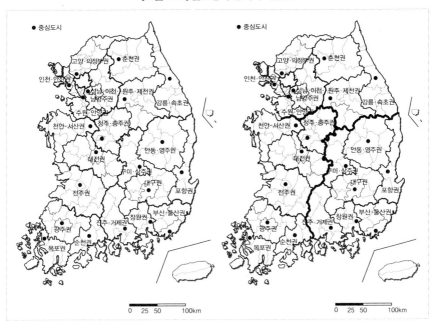

또 자치2계층안은 3개 광역도와 21개 광역도시권을 자치계층으로 하는 안으로 도를 유지하되 기초자치단체의 크기를 확대하는 만큼 도, 광역을 통하여 현재보다 더 광역화하자는 개편안이다. 이 개편안은 대도시 지역 및 도 지역의 행정계층을 유지하고, 시군의 경쟁력을 제고하기 위하여 도와 시군의 기능을 완전히 분리하되 시군통합을 추진하자는 대안이다. 지역의 국제경쟁력을 강화하는 국제적 추세를 고려할 때 시군통합의 광역도시권을 기초자치단체로 삼고, 광역자치단체는 도와 도, 도와 광역시를 통합하여 광역화해야 한다는 주장이다.

4) 이회창의 안(선진당의 안)

자유선진당의 안의 전국을 몇 개의 초광역 자치단체인 연방주(州)

로 개편하여 각 주정부에 연방 수준의 자치권을 부여하는 개편안이다. 이 개편안은 이상적인 안이라고 평가를 받았으며 전국을 5~7개의 광역도로 나누고 외교, 국방 등을 제외하고는 중앙정부의 권한을 대폭적으로 연방정부인 주에 과감하게 이양하는 '강소국 연방제'안이다.

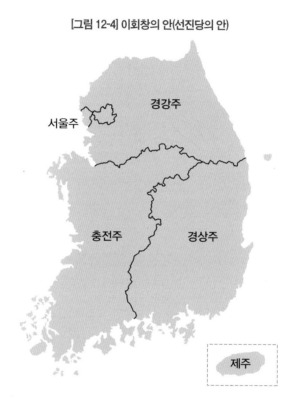

[그림 12-4] 이회창의 안(선진당의 안)

세계의 국가경쟁력을 갖는 상위 국가들은 싱가포르, 스위스, 핀란드와 같은 강소국들이고, 미국과 같은 연방국가들이며 영국, 프랑스, 그리고 일본도 이러한 세계적인 추세에 맞추어 중앙정부의 권한을 과감하게 지방정부에 이양하고 있다는 주장이다(자유선진당, 2008:2009). 그래서 강소국 연방제를 통하여 스위스, 싱가포르와 같은 강소국들과, 미국, 영국, 일본과 같은 선진국들과 경쟁에서 뒤처지지 않는 국제경쟁력을 갖춰 나가야 한다는 것이다.

3. 해외 논의

1) 일본

일본은 도도부현(都道府縣)을 광역행정체계로 개편하여 도주제(道州制)를 도입하는 개편안을 심도있게 논의하고 있다. 일본의 도주제는 47개 도도부현으로 이루어진 지방 행정체제를 10개 정도의 도(道)와 주(州)로 재정비하여 중앙정부는 불필요한 인력과 예산을 줄여 효율성을 높이고, 지방정부는 독자성을 확보하여 제 역할을 할 수 있도록 '국가와 지방'을 모두 재생(再生)시키는 목적을 가지고 있다(江口克彦, 2008).

도주제를 통하여 중앙정부는 외교, 국방 등 필수적인 기능만 담당하고, 지방정부는 행정, 교육, 치안 등의 업무를 담당하도록 되어 있다. 이와 같이 일본은 연방 수준의 지방정부인 '광역분권형 국가'를 지향하고 있다.

2) 영국

영국은 잉글랜드, 웨일즈, 스코틀랜드, 그리고 북아일랜드로 나뉘어져 있다. 특히 잉글랜드는 지역을 9대 광역경제권으로 구분하고, 각 권역에 지역발전 업무를 담당하는 RDA를 설치하였다. 그러나 최근 RDA가 폐지되고, LEP(Local Enterprise Partnership)와 City Deal를 통하여 지역의 발전을 도모하고 있다.

영국은 1997년 노동당 정부가 들어서면서 스코틀랜드와 웨일즈에서 주민투표를 통하여 지역의 독립의회를 구성하는 분권국가안을 도입하여 이들 두 지역은 독자적인 입법권을 가진 의회를 구성하였다.

3) 프랑스

프랑스는 1990년대 이후 전국을 대광역권으로 나누어 개발하려는 구상이 본격적으로 논의되었다. 2000년 DATAR는 22개 레종을 대규모 하천 유역을 중심으로 6개 대광역권으로 통합하는 제안을 하였다. 이러한 대광역권의 개편안은 아직은 장기 구상 단계에 머물고 있는 상황이다.

4) 독일

독일은 3개 도시주(Berlin, Bremen, Hamburg)를 제외한 8개 주에서 대대적인 지방자치단체 통합이 추진되었다. 지방자치단체의 통폐합은 주(州)에 따라 통폐합의 구체적인 내용과 방식이 상이하다. 지방자치단체의 통폐합 실적을 살펴보면 1968년 24,842개 지방자치단체가 1980년 8,737개로 16,105개의 자치단체가 줄었다. 1998년에는 베를린(Berlin)시의회가 베를린의 구(Bezirk)를 통폐합하는 법률을 제정하고, 2001년에는 23개 구를 12개 구로 개편하였다.

또한 주의 광역화에 대해서는 1990년 독일 통일 이후 경제권과 문화적 동질성 등을 고려하여 16개의 주를 6~9개 주로 통폐합하는 방안을 구상하고 있다.

Ⅲ. 분권형 국가 구현을 위한 지방 행정체계의 개편 방안

1. 새로운 지방분권형 국가의 비전과 방향

먼저, 새로운 지방분권형 국가의 비전으로는 ① 지방의 자주적 발전, ② 지방 간 경쟁과 협력, ③ 중앙·지방의 상호존중과 조화, ④ 주민주권의 지방자치 실현을 설정한다.

다음으로, 새로운 지방분권형 국가는 ① 새로운 분권형 국가 의의 실현을 위한 개헌, ② 3대 주요 분야(고용: 지역산업 육성, 복지: 품격복지, 교육: 인재 육성, 그리고 경제: 지역경제 활성화)에 관한 「포괄 이양법」 제정, ③ '자치', '자립', '책임'의 분권국가 실현, ④ '지방분권'을 통한 '국가균형발전'을 달성하고자 하는 방향으로 추진해야 한다.

2. 새로운 지방분권형 국가의 구축을 위한 전략

먼저, 「포괄 이양법」을 일괄적으로 제정하기 위해 국회에 '지방분권특별위원회'를 설치하도록 한다.

다음으로, 중앙정부는 3대 주요 핵심 분야의 전국적 서비스를 국가가 책임을 지고 충족할 수 있는 '재원'을 지방정부로 포괄적으로 이양한다. 지방정부는 독자적으로 전국적 서비스의 수준을 초과하는 지역의 자유재량 서비스를 제공함과 동시에 최적의 수준을 달성하도록 노력하는 시스템을 구축해야 한다([그림 12-5]).

[그림 12-5] 전국적 서비스의 보장과 새로운 분권형 국가의 실현

국가는 국가재원으로 국민적 합의를 통하여 통일된 전국적 서비스를 보장해 주어야 한다(국가의 책무). 예를 들어 복지와 교육에 대한 서비스는 전국적으로 동일한 서비스를 제공하여 국가가 책임을 지게 한다. 더불어 지방정부는 필요한 경우 지방재원으로 지역의 자유재량 서비스를 제공하여 지역주민들이 최대한의 서비스(local optimum)를 보장받을 수 있도록 시스템을 구축하는 것이 연방제 분권국가의 방향이다.

3. 새로운 지방분권형 국가의 지방 자치행정체계

새로운 분권형 국가를 위한 2단계 방식으로 광역 중심으로 지방 행정체제 개편을 추진할 수 있다.

1) 단기적 전략

먼저, 단기적(1~2년)으로 전국 17개 시도를 현재의 5+2 광역경제권

협의회의 기능과 조직, 예산 배정 권한을 강화시켜 서울+경기+인천권역, 충북+충남+대전+세종권역, 전북+전남+광주권역, 경남+부산+울산권역, 경북+대구권역, 강원특별권역, 그리고 제주특별권역 7개의 초광역지방정부연합체로 개편하여 추후 새로운 분권형 국가를 강화할 수 있는 시스템을 사전에 구축하고 중앙정부(부처)와 초광역지방정부연합체의 역할 및 기능의 재정립 방안을 추진한다.

2) 장기적 전략

다음으로, 장기적(3~5년)으로는 기존의 17개 시도를 발전적으로 통·폐합하여 상기 6개의 초광역지방정부(가칭: ○○지역정부)로 통합한다. 7개의 초광역지방정부(가칭: ○○지역정부)는 국가 전체 기능 가운데 80%(2012년 현재 70%), 세출의 80%(2012년 현재 60%), 세입의 60%(2012년 현재 20%)를 담당하도록 하여 세출과 세입을 일치시켜 지방정부의 책임과 자율성을 확보한다.

광역자치단체의 초광역화와 더불어 한편으로는 풀뿌리 민주주의의 모체인 기초자치단체의 권한과 책임을 강화시켜 특별시 및 광역시의 69개 자치구는 자율적인 통폐합을 유도하여 명실상부한 기초자치단체로서의 역할 부여. 시군 지역의 경우에는 읍·면·동 자치를 강화시켜 근린 주민자치를 정착시키도록 한다.

4. 새로운 지방분권형 국가의 추진전략과 기대효과

1) 새로운 분권형 국가의 추진전략

먼저, 국회 지방분권특별위원회를 통하여 연방제 분권국가의 실현을 위한 헌법 개정을 논의하도록 하며, 행정부의 지방분권 관련 추진 기구와 지방 4단체의 협의회가 연대·협력하는 추진체계를 구축한다. 분권국가의 규정과 함께 지방원, 지방재정분권 확대, 조례입법의 강화를 위한 구체적인 내용을 규정해야 한다.

새로운 분권형 국가를 추진할 수 있는 기구를 신설한다. 현재의 지방자치발전위원회를 통해서는 분권형 국가 구축을 실현하기에는 역부족이다. 따라서 청와대의 '지방분권정책비서관', 지방자치를 관장하는 '지방자치처', 국회의 '지방분권특별위원회', 그리고 '중앙·지방협력회의' 등 체계적인 추진기구들을 통하여 추진한다.

새로운 분권형 국가를 실질적으로 추진할 수 있는 국세와 지방세의 비율을 8:2에서 6:4로 확대하도록 한다. 세출의 재정분권보다는 세입의 재정분권이 실질적인 것이라는 점을 고려한다면 이는 중요한 과제이다.

구체적인 재정분권의 추진전략으로 세원 이양 이전에 기관위임사무 폐지 → 국고보조금 폐지 → 세원 이양 → 지방교부세 개편이라는 과정을 통하여 지방행정과 지방재정의 개혁을 연동시켜 추진한다. 7개의 초광역지방정부(가칭: ○○지역정부)는 국가 전체 기능 가운데 80%(2012년 현재 70%), 세출의 80%(2012년 현재 60%), 세입의 60%(2012년 현재 20%)를 담당하도록 하여 세출과 세입을 일치시켜 지방정부의 책임과 자율성을 확보한다.

중앙정부와 지방정부의 상생을 통하여 새로운 성장동력을 발굴하여 명실상부한 새로운 분권국가 구현과 함께 국가의 경쟁력을 지방정부의 역량강화를 통하여 이룩하고자 한다.

2) 새로운 분권형 국가의 기대효과

중앙정부와 지방정부의 상생을 통하여 새로운 성장동력을 발굴하여 명실상부한 새로운 분권국가를 구축하여 지방이 스스로 자립하고 자생할 수 있는 경쟁력 있는 지방정부를 통하여 우리 사회가 당면하고 있는 과제들을 해결할 수 있다.

[그림 12-6] 미래 지방분권국가의 구현을 위한 핵심 과제

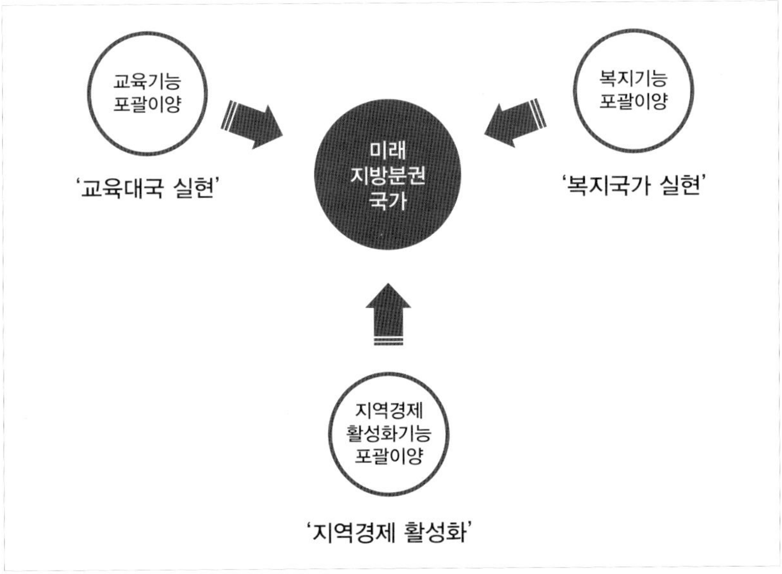

먼저, 지역경제 활성화를 통하여 일자리를 창출하고, 저출산 고령화 사회에 대응하여 경쟁력 있는 복지국가를 건설하고, 지방정부의 교육

기능을 강화하여 초중고 및 지방대학이 활성화되고 지방의 경쟁력을 제고할 수 있다. 그래서 지방교육(인재 양성) 공동체의 실현, 지방복지(품격복지) 공동체의 실현, 그리고 지방경제(지역산업 육성) 공동체의 실현이 가능하도록 한다.

V. 결론

우리 사회의 위기를 해결하기 위하여 기존의 국정운영 시스템은 기능부전 상태에 있다. 이러한 기능부전의 시스템을 해결하기 위하여 연방제 수준의 분권형 국정시스템으로 국가 개조를 단행해야 할 것이다.

이를 위하여 먼저 시도를 통합하여 6 내지 7개의 광역지역정부를 구축하는 것이 필요하다. 이러한 광역지역정부는 현재의 시도의 기능과 같은 연락·조정 기능이 아니라 지역에서 필요한 중앙부처의 교육, 복지, 취업, 지역경제 기능을 기능뿐 아니라 재정, 인력, 권한을 포괄적으로 이양해야 한다.

다음으로, 이러한 기능을 포괄적으로 광역지역정부에 이양하기 위한 중앙부처의 획기적인 기능 및 역할을 재배분하는 방향으로 개혁해야 한다. 중앙정부와 지방정부의 역할(기능)을 우리 사회의 구조적 문제를 해결하기 위하여 국가 개조 차원에서 이루어져야 한다.

이러한 국가개조론은 미래지향적이다. 전통적인 국가운영 시스템의 기능부전을 새롭게 개혁하는 근본적인 처방책이라 할 수 있다. 우리 사회에 구조적인 4각 연대를 철폐하고, 새로운 국정운영 시스템을 구축해야 할 것이다.

지방의 발전이 국가의 발전이고, 지방의 성장을 통한 국가의 성장을 도모할 수 있다는 분권적 철학이 있지 않고서는 지방 행정체제의 개혁, 분권형 중앙부처의 조직 개편은 궁극적인 목적을 달성하기 어려울 것이다.

김동훈·정진헌, 1996, 도농통합형 행정구역개편의 효과분석 및 발전방향에 관한 연구, 「사회과학논총」 7: 235-277, 충남대학교 사회과학연구소.

김재홍, 2000, 도농통합 행정구역 개편이 지방정부의 효율성 변화에 미친 영향 연구, 「한국정책학회보」 9(2): 47-66.

김종래, 2008, 「제주특별자치도 평가와 향후 발전방안」, 한국정책과학회 발표논문.

박기춘·한상연, 2010, 지방행정체제개편 논의현황 및 추진방향, 「한국지방자치학회보」 22(1): 99-121.

박종관·조석주, 2001, 시·군 통합에 의한 행정구역개편 정책의 성과평가에 관한 연구, 「한국 사회와 행정연구」 12(3): 55-77.

박지형·홍준현, 2007, 시·군 통합의 지역경제성장 효과, 「한국정책학회보」 16(1): 167-236.

배인명·이명석·최재송, 2000, 시·군통합의 성과평가: 재정적 영향을 중심으로, 「한국정책학회보」 9(1): 139-161.

소순창, 2010a, 지방행정체제개편 특별법의 미비점과 향후 과제, 「지방행정」 59(685): 28-31.

소순창, 2010b, 지방행정체제 개편: 미미한 성과 그리고 기나긴 여정, 「지방행정연구」 24(4): 29-57.

소순창·최현선, 2014, 지역행복생활권 관련 해외사례 및 시사점, 지역발전위원회 보고서.

이시원·민병익, 2005, 시·군 통합의 효율성과 주민만족도 간 관계유형분석, 「지방정부연구」 9(4).

이승종, 2008, 지방역량 강화를 위한 광역자치구역의 개편방안, 「행정논총」

46(3): 361-390.

자유선진당, 2008, 국가구조 및 행정체제 개편을 위한 '강소국연방제' 대토론회, 정책토론 자료집.

자유선진당, 2009, '강소국연방제' 어떻게 추진할 것인가?, 정책토론 자료집.

장덕희·목진휴, 2010, 도농통합의 효과분석, 「한국정책학회보」 19(1): 363-401.

장황래·김영종, 2013, 시·군 통합의 정책네트워크 분석, 「한국지방자치학회보」 25(4): 135-171.

정영헌, 2006, 「행정구역 개편에 따른 도·농통합 효과의 평가」, 박사학위논문 요약문.

조석주·이재기, 2000, 시·군통합의 경제적 효과에 관한 연구-행정비용 절감효과를 중심으로-, 「한국지방재정논집」 5(1): 1-33.

조성호, 2008, 「지방행정체제 개편관련 단층제(안)의 진단과 분석」, 경기개발연구원 보고서.

조성호·박석희, 2009, 지방행정체제 개편에 관한 비용-효과 분석: 시군 통합방안을 중심으로, 「한국지방자치학회보」 21(4): 27-53.

홍준현, 1997, 시·군 통합에 의한 행정구역개편의 효과분석, 「한국 사회와 행정 연구」 8(2): 59-90.

제주도청, 2004, 「제주특별자치도 추진계획」, 제주도청 보고서.

제주특별자치도, 2005; 2006; 2007, 2008a, 2009, 「제주통계연보」.

제주특별자치도, 2008b, 「제주도 행정조직 변천사」.

행정안전부, 2009, 「자치단체 자율통합 지원계획」, 자체보고서.

제13장

제도 개선 방안

김수연 정책기획위원회 위원, 대한민국시도지사협의회

I. 방향성 : 기존 분권 및 균형발전 추진정책으로부터의 반면교사

분권형 균형발전을 위한 초광역전략의 출발점은 기존 분권 및 균형발전 추진정책의 한계와 문제점을 반면교사로 삼는 것에서 출발해야 한다. 참여정부의 균형발전정책은 첫째, 중앙정부에서 주도하는 방식으로 추진되어 지방분권은 실종되었다는 점, 둘째, 중앙부처의 경쟁적 사업 개발은 중복 투자를 유발했고, 결과적으로 재원 활용의 비효율성이 발생했다는 점, 셋째, 수도권과 비수도권의 격차 해소에만 집중한 나머지 지역 간 갈등과 대립을 초래하는 결과를 가져왔다는 점을 한계로 지적할 수 있다.

따라서 이러한 한계점에 대한 인식과 경험에 비추어 볼 때 새로운 균형발전 전략은 첫째, 중앙정부 주도가 아닌 지방정부 주도의 자율성과 지방분권을 강화하는 방향이어야 하고, 둘째, 중앙부처의 경쟁적·중복적 사업투자로 인한 비효율성을 해소하기 위해 해당 지역별(또는 권역별) 중앙부처의 사업을 종합하여 조정하여 운용하여야 하고, 이를 추진할 수 있는 기능과 권한을 가진 주체를 선정하여 체계적으로 추진하여야 한다. 셋째, 지역 간 갈등을 줄이고 상호 협력적 동반자 관계로 성장시키기 위해 일정한 수준 이상의 협력 시너지가 나오는 초광역적 협력사업에 대해서 중앙정부의 과감한 재정지원이 뒷받침되는 것을 제도화하여야 한다.

지방분권의 강화, 중앙부처 사업의 종합적·체계적 추진, 초광역적 협력사업에 대한 중앙정부의 지원이라는 세 가지 틀은 문재인 정부가 표방하는 분권, 혁신, 포용을 담을 수 있는 그릇이라 할 수 있다.

II. 단기 정책과제

이러한 큰 방향성이 확정되었다면, 이것을 이루기 위한 단기 정책과제로 도입해야 하는 것을 제안하면 다음과 같다.

첫째, 각 지방이 스스로 종합적 내지 분야별 발전계획을 수립하면 그에 상응하는 해당 (공간적)지역에 대한 각 중앙부처의 사업과 예산을 종합하여, 해당 지방에 포괄적으로 지급하는 포괄보조금제의 시행을 추진해야 한다.

두 번째는 중앙부처의 사업과 예산을 지역별로 총괄하여 모으고 추진할 수 있도록 중앙부처와 지방정부 간의 협의를 제도화하는 것이다.

세 번째는 포괄보조금의 지원과 중앙-지방 간의 협의를 총괄하여 추진할 수 있는 범부처 기구도 구상해야 한다.

1. 포괄보조금제 적용 대상 범위의 확대

「국가균형발전 특별법」제40조(포괄보조금의 지원)

① 정부는 제34조 제2항에 따른 지역자율계정의 세출예산을 편성할 때 대통령령으로 정하는 바에 따라 각 시·도 및 시·군·구별로 세출예산의 용도를 포괄적으로 정한 보조금(이하 '포괄보조금'이라 한다)으로 편성하여 지원한다.

② 제1항에 따라 정부가 포괄보조금으로 편성한 사업에 대하여 관계 중앙행정기관의 장이 예산을 교부할 때에는 해당 사업 내에 여러 개의 세부 내역을 구분하여서는 아니 된다.

「국가균형발전 특별법」시행령 제39조(예산의 신청)

① 기획재정부 장관은 법 제34조 제2항에 따른 지역자율계정의 세출사업별 예산을 포괄하여 지방자치단체별로 예산신청의 한도를 정할 수 있다.

② 법 제38조 제2항에 따른 예산신청서에는 다음 각 호의 사항이 포함되어야 한다.
  1. 사업의 주체와 대상
  2. 사업의 목적과 내용
  3. 사업에 소요되는 총경비와 회계에서 출연·보조 또는 융자를 받으려는 금액 및 산출 내역
  4. 사업의 주체가 부담하는 금액
  5. 사업의 착수 예정일과 완료 예정일
  6. 사업의 효과 및 기대수익
  7. 사업의 우선순위 및 중요도
  8. 삭제
  9. 그 밖에 예산신청과 관련된 사항으로서 기획재정부 장관이 정하는 사항

③ 시·도지사는 관할구역 시·군·구의 예산신청서를 종합하여 일괄 작성할 수 있다. 이 경우 시·도지사는 기획재정부 장관이 정하는 바에 따라 회계의 예산을 지원받아 사업을 집행하는 주체(이하 '사업시행주체'라 한다)를 구분하여 작성하여야 한다.

「국가균형발전 특별법」시행령 제43조(포괄보조금의 지원)

① 기획재정부 장관은 법 제40조에 따라 포괄보조금으로 사업을 편성하려는 경우에는 사업 목적이 같은 여러 개의 유사사업을 하나의 단위사업으로 통합하고, 해당 사업의 용도를 포괄적으로 정하여야 한다.

② 국가균형발전위원회는 제1항에 따라 포괄보조금으로 편성한 사업에 대하여 그 정책목표와 평가를 위한 성과지표를 설정할 수 있다.

③ 지방자치단체의 장은 제39조 제1항에 따라 기획재정부 장관이 정한 예산신청의 한도에서 해당 지방자치단체에서 추진할 포괄보조금 사업과 그 세부내역을 자율적으로 정하되, 제2항에 따라 설정된 정책목표와 다른 목적으로 포괄보조금을 사용해서는 아니 된다.

④ 중앙행정기관의 장은 제1항부터 제3항까지의 규정에 따라 지방자치단체의 장이 포괄보조금으로 신청한 사업에 대하여 그 신청 금액을 조정해서는 아니 된다. 다만, 지방자치단체의 장이 신청한 포괄보조금 사업의 내용이 제2항에 따른 정책목표와 서로 다른 경우에는 해당 지방자치단체의 장에게 보완을 요구할 수 있다.

⑤ 기획재정부 장관은 예산을 편성할 때 다음 각 호의 사항을 고려하여 지방자치단체의 장이 포괄보조금으로 신청한 사업에 대한 신청 금액을 조정할 수 있다. 이 경우 기획재정부 장관은 지방자치단체의 장의 의견을 들어야 하며, 해당 지방자치단체에 지원하는 포괄보조금의 총액을 변경해서는 아니 된다. 1. 포괄보조금으로 신청한 사업 예산의 집행실적 2. 법 제9조 제1항에 따른 평가의 결과

⑥ 국가균형발전위원회는 법 제9조에 따라 부문별 시행계획 등을 평가할 때에는 제2항에 따른 정책목표 및 성과지표 달성 여부 등을 측정하여야 한다.

⑦ 법 제35조의 2에 따른 제주특별자치도계정 및 법 제35조의 3에 따른 세종특별자치시계정 중 기획재정부 장관이 정하는 사업에 대한 세출예산을 편성하는 경우에는 제1항부터 제6항까지의 규정을 준용한다.

현재 「국가균형발전 특별법」 제40조(포괄보조금의 지원)에 의하면 정부는 지역자율계정의 세출예산을 편성할 때 대통령령으로 정하는 바에 따라 각 시·도 및 시·군·구별로 세출예산의 용도를 포괄적으로 정한 보조금으로 편성하여 지원하고, 정부가 포괄보조금으로 편성한 사업에 대하여 관계 중앙행정기관의 장이 예산을 교부할 때는 해당 사업 내에 여러 개의 세부 내역을 구분하여서는 아니 된다고 규정하고 있다. 따라서 제도적으로는 지역자율계정을 활용하여 포괄보조금의 편성과 지원이 가능하게 되어 있는 것이다.

그러나 이 규정의 한계는 포괄보조금을 편성하여 지원받을 수 있는 단위가 개별 시·도 및 시·군·구 단위를 전제로 하고 있다는 점이다.

「국가균형발전 특별법」시행령 제39조(예산의 신청)에 의하면 기획재정부 장관이 지역자율계정의 세출사업별 예산을 포괄하여 지방자치단체별로 예산 신청의 한도를 정할 수 있다고 규정하고 있어, 포괄보조의 범위가 개별 지방자치단체에 한정되고 있음이 명확하게 나타난다.

또한 「국가균형발전 특별법」시행령 제43조 제3항에서 "지방자치단체의 장은 제39조 제1항에 따라 기획재정부 장관이 정한 예산 신청의 한도에서 해당 지방자치단체에서 추진할 포괄보조금 사업과 그 세부내역을 자율적으로 정하되, 제2항에 따라 설정된 정책목표와 다른 목적으로 포괄보조금을 사용해서는 아니 된다"고 규정하고 있는 바, 포괄보조금의 단위가 개별 지방자치단체에 한정된다는 점과 그 한도 설정이 기재부 장관에 달려있다는 점이 명확히 드러난다.

이러한 규정에 의해 2개 이상의 시·도 또는 시·도를 달리하는 시·군·구의 경우에는 포괄보조금을 편성하여 지원받을 수 없기 때문에 이른바, 초광역적 지방정부 또는 도시연합 등의 형태에 적용할 수 없는 한계가 있는 것이다.

따라서 포괄보조금의 편성·지원의 기준을 개별 시·도 단위에서 확장하여 2개 이상의 시·도 또는 시·도를 달리하는 시·군·구의 경우에도 적용 받을 수 있도록 관련 법령을 개정하는 것이 필요하다 하겠다.

2. 지역발전투자협약의 적용 범위 확대 및 활성화

> **「국가균형발전 특별법」 제20조(지역발전투자협약의 체결 등)**
>
> ① 국가와 지방자치단체는 국가와 지방자치단체 간이나 지방자치단체 상호간
> 에 균형발전을 위한 사업을 공동으로 추진하기 위하여 사업내용 및 투자 분
> 담 등이 포함된 지역발전투자협약(이하 '지역발전투자협약'이라 한다)을
> 체결할 수 있으며, 지역발전투자협약을 체결하기 위해서는 제22조에 따른
> 국가균형발전위원회의 심의·의결을 거쳐야 한다.
> ② 국가와 지방자치단체는 지역발전투자협약에 따른 사업을 추진하기 위하여
> 제30조에 따른 국가균형발전특별회계를 우선 지원하여야 하며, 매년 필요
> 한 예산의 편성 등 협약을 이행하기 위한 조치를 하여야 한다.

프랑스는 1982년부터 지방분권화와 함께 계획계약 시스템을 도입
하였던 바, 계획계약에 관한 법률에 근거하여 계획계약제도를 도입하
였다.

계획계약이란 지방정부가 중앙정부와 공동의 이해관계에 있는 사
업을 상호 협의하여 선정하고, 사업 추진에 있어서 재정투자를 일정
기간 상호 분담하여 집행할 것을 중앙정부와 지방정부가 공식계약
을 체결하여 공동으로 사업을 추진하는 방식이다. 프랑스 제9차 경
제계획에서 도입하여, 총리 직속의 범정부적인 국가균형개발기획단
(DATAR)에서 총괄하고 있다.

우리의 경우에도 국가와 지역의 이익이 조화되는 전략적 프로젝트
를 중앙정부와 지방정부가 협력하여 선정하고, 사업계획과 투자에 대
한 협약(계약)을 통해 추진할 수 있는 방안으로 제도화하는 논의가 진
행되어 왔고, 이것이 '지역발전투자협약'이다.

이와 관련하여 「국가균형발전 특별법」 제20조(지역발전투자협약의 체
결 등)에서는 지역발전투자협약의 대상은 국가와 지방정부 간 또는 지

방정부 상호 간에 맺을 수 있는 것으로 조문화되어 있어, 규범적으로는 2개 이상의 시·도 내지 초광역 지방정부와 같은 지위에 있는 복수의 지방정부는 지역발전투자협약을 맺을 수 없게 된다.

현재 시범사업으로 진행되고 있는 지역발전투자협약은 지역개발사업에 대한 패러다임의 전환으로, 지금까지 부처마다 칸막이 식으로 지원하던 하향식 관행에서 벗어나 지역이 주도하여 다부처 묶음사업을 기획하면 관계 부처가 협약을 체결하여 안정적으로 지원해주는 제도로 활용도가 기대되고 있으나, 이상과 같이 2개 이상의 시·도 또는 시·도를 달리하는 시·군·구의 초광역적 연계 협력의 형태에는 적용할 수 없는 한계가 있다.

시범사업은 2019년 11개 시범사업으로 서귀포, 거창·합천, 부산, 광주, 군산, 청주·증평, 세종, 의성, 완도, 강릉, 홍성이 진행하였고, 2020년에는 생활SOC복합화 사업으로 문체부(공공도서관, 작은도서관, 국민체육센터, 생활문화센터), 복지부(국공립어린이집, 건강생활지원센터, 다함께돌봄센터), 여가부(공동육아나눔터, 가족센터), 국토부(주거지주차장) 등이 진행하였다.

따라서 「국가균형발전 특별법」 제20조 등 해당 규정을 개정하여 초광역적 지역연계 발전을 위한 계획을 추진하고자 하는 경우에도 적용할 수 있도록 지역발전투자협약제도를 보완할 필요성이 있다.

3. 중앙부처 내 종합적 추진기구의 설치

「국가균형발전 특별법」 시행령 제19조(지역발전투자협약의 체결 등)

① 법 제20조 제1항에 따른 지역발전투자협약(이하 '지역발전투자협약'이라 한다)을 체결하려는 지방자치단체의 장은 국가 또는 다른 지방자치단체와 공동으로 추진하려는 국가균형발전사업에 대하여 지역발전투자협약안(이하 이 조에서 '협약안'이라 한다)을 법 제28조 제1항에 따른 시·도 지역혁신협의회의 심의를 거쳐 국가균형발전위원회에 제출하여야 한다.

② 국가균형발전위원회는 제1항에 따라 제출받은 협약안을 관계 중앙행정기관의 장 및 기획재정부 장관에게 즉시 송부하여야 한다.

③ 관계 중앙행정기관의 장 및 기획재정부 장관은 제2항에 따라 받은 협약안에 대한 의견을 국가균형발전위원회에 제출하여야 한다. 이 경우 관계 중앙행정기관의 장은 예산이 필요한 사항에 관하여는 미리 기획재정부 장관과 협의하여야 한다.

④ 국가균형발전위원회는 제3항에 따라 제출받은 의견을 종합하여 검토 의견을 작성하고, 이를 기초로 지역발전투자협약 체결안(이하 '체결안'이라 한다)을 작성할 중앙행정기관의 장을 정하여 체결안의 작성을 요청하여야 한다.

⑤ 제4항에 따라 체결안의 작성을 요청받은 중앙행정기관의 장은 제1항에 따라 협약안을 제출한 지방자치단체의 장과의 협의 및 국가균형발전위원회의 심의·의결을 거쳐 체결안을 작성하여야 한다. 이 경우 다른 관계 중앙행정기관의 장에게 체결안을 송부하여야 한다.

⑥ 관계 중앙행정기관의 장과 지방자치단체의 장은 공동으로 제5항에 따른 체결안에 대하여 협약을 체결한다.

⑦ 시·도지사는 지역발전투자협약을 체결하기 전에 해당 시·도 관할구역의 시장·군수·구청장의 의견을 들어야 한다.

⑧ 지방자치단체의 장은 다음 각 호의 사항을 고려하여 지역발전투자협약 체결 대상 사업을 정하여야 한다. 1. 국가균형발전계획과의 관계 2. 사업추진에 관계되는 중앙행정기관의 범위 3. 중장기적 예산지원의 필요성 4. 지역주도 사업 추진의 필요성 5. 사업 실행가능성 및 사업성과의 가시성

⑨ 제1항부터 제8항까지에서 규정한 사항 외에 지역발전투자협약의 체결과 운영 등에 필요한 사항은 국가균형발전위원회의 심의·의결을 거쳐 국토교통부 장관이 정한다.

포괄보조금제의 편성·지원과 지역발전투자협약을 연계하여 추진할 수 있는 방안을 마련하는 것과 동시에 이를 종합적으로 추진할 추진기구가 필요하다. 이러한 기구가 필요한 것은 지방정부 입장에서 시·도를 넘어서는 발전계획을 추진하고자 하는 경우 이러한 계획을 수립하여 국가의 재정지원 또는 필요한 권한의 위임 내지 이양을 요청할 수 있는 중앙정부 내의 파트너가 필요하기 때문이다.

현재 「국가균형발전 특별법」과 같은 법 시행령에 의하면, 포괄보조금의 지원에 관해서는 기획재정부 장관이 각 지방자치단체별 한도를 정하고, 예산 편성 시에 조정하는 역할을 하고, 균형발전위원회는 포괄보조금으로 편성한 사업에 대해 그 정책목표와 평가를 위한 성과지표를 설정하는 역할을 하고 있다.

지역발전투자협약의 경우에 「국가균형발전특별법」 시행령 제19조(지역발전투자협약의 체결 등)에 의하면, 국가균형발전위원회가 지역발전투자협약의 중간 조정 역할을 담당하고 있다.

포괄보조금의 경우에는 궁극적으로 예산의 편성과 관련되어 있다는 점에서 기획재정부의 역할이 없을 수는 없겠지만, 지방에서 포괄보조금으로 신청한 사업에 대해 신청 금액을 조정할 수 없다는 점을 감안하면, 기획재정부가 아닌 다른 기관, 예를 들어 균형발전위원회가 현재와 같이 정책목표와 평가를 위한 성과지표를 설정하는 역할에서 나아가 중간 조정자 역할을 할 수 있도록 설계해 볼 수도 있을 것이다.

지역발전투자협약의 경우에는 균형발전위원회가 조정 역할을 담당하고 있는 바, 균형발전위원회의 구성원이 당연직은 장관급으로 구성되어 있고, 위촉직에는 다양한 분야의 전문가로 구성하고 있다.

문제는 국가균형발전위원회의 설치 목적이 "지역 간의 불균형을 해소하고 지역의 특성에 맞는 자립적 발전을 통하여 국민생활의 균등한 향상과 국가균형발전의 효율적 추진을 위한 주요 정책에 대하여 대통령에게 자문"하기 위한 기구라는 점에서 그 한계가 있다.

대통령의 자문기구가 초광역적 포괄보조금 편성 및 지원을 조정하고, 중앙정부와 지방자치단체 간 재정 여건, 사업계획수립 능력 등을 고려하여 중앙정부와 지방자치단체 간의 적절한 투자 분담 등 역할 분담을 포함한 지역발전투자협약의 체결을 이끌어갈 수 있느냐에 대한 의문이 있을 수 있다.

이러한 점에 대한 해결방안은 크게 두 가지를 들 수 있다. 첫째로는 예산 편성과 포괄보조금의 한도, 다(多) 부처 계약의 이행력과 실효성을 강력하게 담보할 수 있는 새로운 기구를 만드는 것이다. 이 경우 유의할 점은 프랑스와 같이 지역에 관선 도지사(Préfet) 또는 국가의 특별지방행정기관을 통해 추진하는 등의 중앙집권적 방식은 지양해야 한다는 점이다.

또 다른 방식으로서 현재 가장 근접하게 역할을 수행하고 있는 국가균형발전위원회를 확대하고, 그 법적 성격을 대통령의 자문기구가 아니라 집행력을 가진 행정위원회로 개편하는 것을 고려할 수 있다.

4. 기타

경우에 따라서는 포괄보조금의 편성 및 지원과 지역발전투자협약의 체결을 결합하여 운용할 필요도 있다고 본다. 다수의 지방정부(다수의 시·도 포함)가 초광역적으로 지역 간 연계사업을 추진하고자 할 경우, 공동으로 중앙부처와 지역발전투자협약을 체결하여 이 협약의 내용안에 포괄보조금의 편성과 지원도 포함될 수 있도록 할 필요가 있다. 이를 통해 부처 간 예산의 칸막이를 없애고 중복 투자를 예방하여 예산 집행의 효율성을 높이는 등의 효과 제고를 기대할 수 있을 것이다.

| 참고문헌 |

대구경북행정통합공론화위원회, 2021.7, 대구경북행정통합공론화위원회
　　활동백서 12개월의 기록.

박양호, 2003.5, 프랑스의 계획협약제를 벤치마킹한 한국형 지역발전협약
　　제도 필요, 「국토정책Brief」(국토연구원) 제13호.

박종관, 2012.6, 지방행정체제 개편의 추진 현황과 향후 과제-행정구역 개
　　편을 중심으로, 「입법과 정책」(국회입법조사처) 제4권 제1호.

이정우, 2021, 조승현, 이광성, 최창석, 행정구역 통합의 영향요인 비교연
　　구-청주·청원과 전주·완주 통합추진과정을 중심으로, 「한국자치행
　　정학보」(한국자치행정학회) 제35권 제2호.

조성호, 2006.9, 지방행정체제 개편논의의 평가와 대안제시 연구, 「서울도
　　시연구」(서울연구원), 제7권 제3호.

차미숙, 2017.12, 자치분권과 균형발전 정책의 융합적 추진 방안, 「국토」(국
　　토연구원), 제434호.

허훈, 강인호, 2009.12, 자치행정체제의 본질과 바람직한 개편 방향, 「한국
　　정책과학학회보」(한국정책과학학회), 제13권 제4호.

국정과제협의회 정책기획시리즈 10

초광역 지역시대

발행일	2022년 01월 30일
발행인	조대엽
발행처	**대통령직속 정책기획위원회** 서울특별시 종로구 세종대로 209 정부서울청사 13층 대통령직속 정책기획위원회 (02-2100-1499)
판매가	20,000원
편집·인쇄	경인문화사 031-955-9300
ISBN	979-11-975858-5-2 93300

본 도서에 게재된 각 논문의 쟁점과 주장은 각 필자의 관점과 견해이며 대통령직속 정책기획위원회의 공식적 견해가 아닙니다.